U0609924

高职院校高水平专业群建设
探索与实践

——以河源职业技术学院旅游管理专业群为例

俞　彤　张　颖　杨红霞　杨　亮◎著

中国商务出版社

·北京·

图书在版编目（CIP）数据

高职院校高水平专业群建设探索与实践：以河源职业技术学院旅游管理专业群为例／俞彤等著. -- 北京：中国商务出版社，2024.10. -- ISBN 978-7-5103-5456 -4

Ⅰ. G718.5

中国国家版本馆 CIP 数据核字第 20249NN295 号

高职院校高水平专业群建设探索与实践
——以河源职业技术学院旅游管理专业群为例

俞　彤　张　颖　杨红霞　杨　亮◎著

出版发行：中国商务出版社有限公司

地　　址：北京市东城区安定门外大街东后巷 28 号　邮　　编：100710

网　　址：http://www.cctpress.com

联系电话：010—64515150（发行部）　　010—64212247（总编室）
　　　　　010—64515164（事业部）　　010—64248236（印制部）

责任编辑：杨　晨

排　　版：北京天逸合文化有限公司

印　　刷：宝蕾元仁浩（天津）印刷有限公司

开　　本：710 毫米×1000 毫米　1/16

印　　张：17　　　　　　　　　　　　字　　数：268 千字

版　　次：2024 年 10 月第 1 版　　　　印　　次：2024 年 10 月第 1 次印刷

书　　号：ISBN 978-7-5103-5456-4

定　　价：79.00 元

前　言

　　为贯彻落实《国家职业教育改革实施方案》（国发〔2019〕4号）和《广东省职业教育"扩容、提质、强服务"三年行动计划（2019—2021年)》（粤府办〔2019〕4号），推动广东省高职院校在各自领域内特色发展、内涵发展、争创一流，为广东省经济社会发展提供高素质技术技能人才支持和智力支撑，广东省教育厅于2019年11月组织开展了省级高职院校高水平专业群建设申报工作。河源职业技术学院旅游管理专业群（包括旅游管理、酒店管理与数字化运营、烹饪工艺与营养3个专业）积极参与申报，并于2021年3月被广东省教育厅确定为第一批广东省高职院校高水平专业群，开始了为期5年的建设工作。

　　河源职业技术学院是一所由河源市人民政府举办的全日制普通高等学校，是广东省示范性高职院校、广东省域高水平职业院校建设单位、教育部现代学徒制试点院校。旅游管理专业群是学校重点建设的专业群，其中旅游管理专业是中央财政支持专业、省级示范性专业、省级重点专业、省级示范高职院校重点建设专业；酒店管理与数字化运营专业获得教育部第三批现代学徒制立项；烹饪工艺与营养专业获得广东省教育厅省级培训项目立项。多年来，旅游管理专业群在人才培养模式改革、"三教"改革（教师、教材、教法）、产教融合校企合作、社会服务等方面进行了卓有成效的探索与实践，办学特色鲜明，取得了一系列的成果。因此，有必要总结并推广旅游管理专业群办学的经验和成果，以期对高职院校高水平专业群建设起到示范引领作用。

　　本书是对河源职业技术学院旅游管理专业群建设的经验和成果的总结，全书分为上篇、中篇和下篇三个部分：上篇主要内容包括旅游管理专业群建设基础与发展规划和专业群各专业人才培养方案；中篇总结了旅游管理专业群在教学改革方面的经验和成果；下篇介绍了旅游管理专业群在产教融合校企合作以及社会服务等方面的经验。

本书由俞彤、张颖、杨红霞、杨亮担任主要作者，河源职业技术学院曾惠华、杨锦冰、王凌晖、史万莉、伍新蕾、黄蔚红、余丽、谢剑锋、刘燕以及湖州职业技术学院朱智、广东万绿湖文化旅游投资有限公司周勇、广州华商职业学院林红梅参加了撰写工作，由俞彤负责拟定大纲和全书的统稿工作。在本书的撰写过程中，参考了河源职业技术学院教务处的相关文件，在此一并表示感谢！

本书的出版得到了广东省第一批高职院校高水平专业群建设项目（项目名称：旅游管理专业群，项目编号：GSPZYQ2020142）的经费支持，也是2022 年广东省继续教育质量提升工程项目（项目名称：基于产教融合的文旅行业示范性职工培训基地，项目编号：JXJYGC2022GX021）、广东省普通高校创新团队项目（人文社科）（项目名称：数智文旅应用与标准化研究协同创新团队，项目编号：2023WCXTDO40）、广东省 2023 年度教育科学规划课题（高等教育专项）（课题名称："时代新人铸魂工程"下思政浸润高职旅游类在线精品课程建设的研究与实践，项目编号：2023GXJK925）、2023 年广东省高职院校课程思政示范计划项目（项目名称：旅游服务心理学，项目编号：KCSZ04200）、课程思政教育案例（项目名称：锻造职业精神培育课程，为新时代文旅英才铸魂——思政浸润下精品在线开放课程"旅游服务心理学"建设案例，项目编号：KCSZ06074）、2023 年广东省高职教育教学改革研究与实践项目（项目名称：课程思政浸润高职旅游类在线精品课程建设的研究与实践，项目编号：2023JG435）的研究成果之一。

由于作者的水平有限，本书难免存在疏漏和不当之处，敬请各位专家、读者批评指正。

俞 彤

2024 年 6 月

目　录

上　篇　旅游管理专业群建设与发展

中 篇 旅游管理专业群教学改革的探索与成效

下 篇 产教融合校企合作的探索与实践

上　篇
旅游管理专业群建设与发展

第一章　旅游管理专业群建设
基础与发展规划^①

为贯彻落实《国家职业教育改革实施方案》（国发〔2019〕4号）和《广东省职业教育"扩容、提质、强服务"三年行动计划（2019—2021年)》（粤府办〔2019〕4号），广东省教育厅于2019年11月组织开展了省级高职院校高水平专业群建设申报工作。计划围绕国家和广东省重大发展战略，面向区域或行业重点产业，重点建设约300个定位准确、特色鲜明、校企合作共生、培养质量高、综合实力强的省级高水平专业群，发挥专业群的集聚效应和服务功能，实现人才培养供给侧和产业需求侧结构要素全方位融合，推动广东省高职院校在各自领域内特色发展、内涵发展、争创一流，为广东省经济社会发展提供高素质技术技能人才支持和智力支撑。

河源职业技术学院旅游管理专业群（包括旅游管理、酒店管理与数字化运营、烹饪工艺与营养3个专业）于2019年11月组织申报省级高职院校高水平专业群项目，并于2021年3月被广东省教育厅确定为第一批广东省高职院校高水平专业群，开始了为期5年的建设工作。

省级高水平专业群建设项目重点在人才培养模式创新、课程教学资源建设、教材与教法改革、教师教学创新团队、实践教学基地、技术技能平台、社会服务、国际交流与合作、可持续发展保障机制9个方面开展建设。

---

① 本章资料来源于2020年河源职业技术学院旅游管理专业群省级高职院校高水平专业群申报建设方案。

第一节　建设基础

一、河源职业技术学院旅游管理专业群概述

河源职业技术学院旅游管理专业群由旅游管理、酒店管理与数字化运营、烹饪工艺与营养3个专业组成。该专业群共有在校生697人，专任教师33人，其中高级职称11人，博士后1人，博士1人，在读博士1人，硕士23人。作为核心专业的旅游管理专业创办于2003年，并于2005年分为旅游管理与酒店管理2个独立专业，烹饪工艺与营养专业创办于2010年。这3个专业自创办以来，深度融合、资源互补、协同共建，在人才培养模式、教学改革与管理、实训基地建设、教学团队、产学研合作等方面取得多项成果。

二、专业群的优势和特色

（一）专业群的优势

本专业群区位优势显著，河源市作为中国优秀旅游城市，致力于打造粤港澳大湾区生态健康生活首选地，建设绿色生态、温泉养生、乡村休闲旅游品牌。借助乡村振兴战略、"粤菜师傅"工程等政策优势，依托旅游规划与发展研究中心、酒店咨询管理中心、客家菜师傅培训学院，服务地方经济建设。本专业群人才输出优势明显，与长隆集团等知名旅游企业建立了长期、紧密、深入的合作关系。

（二）本专业群的特色

1. "内外交替、真岗培养"，创新人才培养模式

专业群创新性构建并实施"内外交替、真岗培养"人才培养模式，与河源客天下国际旅游度假区合作实施"现代学徒制"人才培养模式，严格执行课证融通"双证制"（毕业资格证书+职业资格证书），形成"中高职衔接"、

"高本协同"等人才培养途径，打通"中—高—本"人才培养对接"立交桥"。协同育人项目情况如表 1-1 所示。

表 1-1　协同育人项目一览

协同育人项目	数量（个）
国家级高职教育现代学徒制试点（教育部）	1
三二转段高本衔接协同育人（广东省教育厅）	1
三二分段高本协同培养（广东省教育厅）	1

（1）深入实施"内外交替、真岗培养"人才培养模式。

针对现代服务类专业突出职业岗位实务操作能力培养的要求，按照理论实践一体化、实训基地企业化、教学实训项目化、素质培养全程化的建设思路，深化了"内外交替、真岗培养"的"工学结合"人才培养模式，全过程渗透职业素质训导，实现学生职业技能和素质的双培养与双提高。

除了以校内模拟实训室、虚拟实训室提供的服务与管理岗位虚拟仿真训练，重点依托国家级现代学徒制试点合作企业——河源客天下国际旅游度假区、"校中厂"万绿湖旅行社大学城营业部、"厂中校"御临门温泉度假村和巴伐利亚庄园、翔丰国际酒店、导游义工队、青年益工社等，以及紧密型校企合作企业——广东万绿湖旅游经营有限公司、东莞青年国际旅行社、广州金马国际旅行社、长隆欢乐世界、长隆酒店、惠州康帝国际酒店、广东嘉华酒店、东莞欧亚酒店等，提供岗位的真实环境训练平台（真岗培养），通过校内外岗位训练的交替进行（内外交替），提高学生的职业技能和职业素质。

（2）实施"国家级现代学徒制"试点。

酒店管理专业教育部学徒制试点项目建立了校企人才共育、过程共管、成果共享、责任共担的现代学徒制校企合作机制，试点单位签署校企双主体育人协议，从招生招工一体、培训基地建设、岗位课程开发、双导师队伍建设、学徒培养评价 5 个维度展开合作，在学校基础学习—企业认知体验—学校专业学习—企业岗位培训—企业岗位实践 5 阶段协同育人，实现产业学徒培训的主体融合、产教融合、师资融合、文化融合。

（3）打通"中—高—本"人才培养对接"立交桥"。

旅游管理专业群与河源市职业技术学校、河源市技工学校合作开展"三二分段"中高职衔接人才培养，与广东技术师范大学合作实施"高本协同培养"人才培养，逐渐形成"中高职衔接""高本协同培养"等多种人才培养途径，打通"中—高—本"人才培养对接"立交桥"，确保培养大量多层次的旅游人才，符合旅游产业发展对人才的结构性要求，实现学生成长通道多元化。

（4）严格执行"双证制度"。

旅游管理专业群同时实施了"双证制"（毕业资格证书+职业资格证书）教育措施。具体包括旅游管理专业学生毕业时拥有毕业证书及初级国家导游资格证书；酒店管理专业学生毕业时拥有毕业证书及助理旅游酒店管理师、茶艺师（中级）证书；烹饪工艺与营养专业学生毕业时拥有毕业证书及中级中式烹调师、中级中式面点师证书。实现课证融通，使考证所需的知识点、技能点、素质要求完全融入各专业课程体系。

2. 寓赛于教、寓赛于学，技能竞赛屡获殊荣

专业群坚持以提高人才培养质量为根本，强调"寓赛于教、赛教融合"，构建"三级平台、两个机制"的竞赛模式，通过对竞赛内容的梳理、分析与研究，明确教学改革的思路，进而调整课程体系与技能培训方案，把竞赛的内容和考核标准应用到日常教学、校内技能比赛、专业社团活动过程中。

所谓"三级平台"主要是指"校园导游大赛+酒店风采展+烹饪技能大赛"平台、"广东省导游技能竞赛+广东省中餐主题宴会设计竞赛+广东省烹饪技能竞赛"平台、"国家级导游技能竞赛+国家级中餐主题宴会设计竞赛+国家级烹饪技能竞赛"平台；两个机制主要指专业设定的"技能比赛人才选拔机制"和"人才的培育培养机制"。

竞赛模式实施以来，学生专业技能明显提升，不断在各级专业技能大赛中获得优异成绩，学生各项竞赛成果如表1-2所示。专业群学生获奖的数量和等级不断提高，树立了专业群竞赛能手的品牌形象，为学校赢得了良好声誉。

表 1-2　学生各项竞赛成果一览

竞赛类型	获奖等级与数量
全国职业院校技能大赛	一等奖 2 项，二等奖 1 项，三等奖 2 项
全国旅游院校服务技能大赛	团队一等奖 2 项，个人一等奖 4 项，个人二等奖 6 项，个人三等奖 4 项
广东省职业院校技能大赛	一等奖 19 项，二等奖 16 项，三等奖 22 项
"挑战杯"广东大学生课外学术科技作品竞赛	特等奖 3 项，一等奖 1 项，二等奖 1 项，三等奖 1 项
"挑战杯—彩虹人生"广东职业院校创新创效创业大赛	一等奖 2 项，二等奖 1 项，三等奖 1 项
"挑战杯·创青春"广东大学生创业大赛	银奖 1 项，铜奖 1 项
中国"互联网+"大学生创新创业大赛广东省分赛	铜奖 1 项

3. 重德强技、奋发敬业，渗透卓越服务精神

专业群与广东万绿湖旅游发展有限公司、大益爱心基金会共建"河源市导游义工队""青年益工社""唐汉学习团队"，依托 8 个原国家旅游局（文化和旅游部）"万名旅游英才计划"之"实践服务型英才培养项目"，具体如表 1-3 所示。扎实开展政务接待讲解、万绿湖景区讲解、河源恐龙博物馆和市博物馆讲解、河源旅游文化节服务、文明旅游宣传、教师节奉茶、新生奉茶、七彩书屋、梧桐茶会等公益活动，培养新生代旅游人"敬业、乐业、专业"的职业素养。

表 1-3　原国家旅游局"万名旅游英才计划"之"实践服务型英才培养项目"

项目名称	支持单位
河源市文明旅游宣传教育志愿活动	原国家旅游局（文化和旅游部）
河源旅游景区亲自然近文明环保旅游宣传教育志愿活动	
提升黄龙岩畲族旅游服务区质量志愿活动	
广东连平鹰嘴蜜桃休闲旅游产业服务提升工程	
"客家古邑，万绿河源"文明旅游宣传志愿活动	
AAAA 级景区万绿湖风景区导游义工服务	
文明旅游宣传教育	
河源乡村旅游志愿者服务	

第二节　建设背景

《中共中央关于制定国民经济和社会发展第十四个五年规划和二○三五年远景目标的建议》提出，推动生活性服务业向高品质和多样化升级，加快发展健康、养老、育幼、文化、旅游、体育、家政、物业等服务业，加强公益性、基础性服务业供给，推进服务业标准化、品牌化建设。国务院印发的《粤港澳大湾区发展规划纲要》明确提出要建设宜居宜业宜游的优质生活圈。《国务院办公厅关于促进全域旅游发展的指导意见》指出，把促进全域旅游发展作为推动经济社会发展的重要抓手，构建全域旅游共建共享新格局。《中共广东省委关于制定广东省国民经济和社会发展第十四个五年规划和二○三五年远景目标的建议》要求促进现代服务业优化发展，提出对标国际一流水平，大力提升服务业发展能级和竞争力。推动生活性服务业向精细和高品质升级，加快发展健康、养老、育幼、文旅、体育、家政、物业等服务业。加强公益性、基础性服务业供给。推动现代服务业同先进制造业、现代农业深度融合，加快推进服务业数字化。《中共河源市委关于制定河源市国民经济和社会发展第十四个五年规划和二○三五年远景目标的建议》提出，河源市要以"融湾""融深"为契机，融合发展现代服务业，大力发展生产性服务业，推动生活性服务业的转型升级。

从全国到地方各级政府高度重视并出台了一系列政策措施，为现代服务业带来了重大发展机遇。《中华人民共和国 2020 年国民经济和社会发展统计公报》指出，全年全国居民人均可支配收入 32189 元，比上年增长 4.7%。其中在文化旅游方面，全年国内游客 28.8 亿人次，旅游收入 22286 亿元，全年全国规模以上文化及相关产业企业营业收入 98514 亿元。作为旅游大省，2019年广东省接待入境过夜游客达 3771.38 万人次，国际旅游外汇收入达 205.02亿美元。河源市是全国优秀旅游城市和岭南健康休闲名城，全年接待旅游总人数 4020.57 万人次，比上年增长 12.1%。其中，国内游客 4010.32 万人次，增长 12.1%；国际游客 10.25 万人次，增长 21.7%。旅游住宿设施接待过夜游客 1940.82 万人次，增长 12.3%。全年实现旅游总收入 357.66 亿元，增长

12.9%。2019年年末，全市各类旅行社50家；已评定的星级饭店18家，其中五星级饭店1家，四星级饭店2家；A级景区15个，其中AAAA景区7个，旅游业已经成为河源市的支柱产业。综上所述，可以看出中国已经进入大众旅游时代，旅游业已经成为民生产业，旅游成为人民幸福生活的必需品。

在国家加快推进供给侧结构性改革的大背景下，旅游业将发生重大改变，主要表现以下几个方面。

（1）旅游业将由景点旅游模式向区域资源整合、产业融合、共建共享的全域旅游发展模式加速转变。

（2）互联网和移动互联网正逐步改变旅游业的商业模式和创新形态。

（3）出境旅游和跨境购物火爆。

（4）出现新的旅游产品和旅游方式，综合型度假区，包括研学旅游、定制旅游、美食旅游、特色民宿、新型公寓等。

（5）沿海经济发达地区成为中国旅游发展最活跃的地区，广东省将借助粤港澳大湾区世界文化旅游目的地建设，从旅游第一大省向旅游第一强省迈进。

因而，随着旅游业的全域化、电商化、国际化、特色化、服务标准化和个性化发展，旅游业对旅游人才的需求也在发生变化，主要体现为需求层次的提高、需求结构的调整、素质要求的变化，具体要求如下。

（1）综合素质和职业综合能力。具有较高的职业道德素质和较强的服务意识，品德端正。具有团队协作能力、人际沟通能力、随机应变能力、学习能力和环境适应能力。

（2）一专多能。专业技能扎实，岗位工作技能熟练，具备多种岗位的专业技能。专业技能和管理能力兼备。

（3）综合性知识。旅游从业人员不仅需要具备全面的专业知识，还要具有行业和"跨界"专业知识。

（4）高阶新能力。多种思维方式处理能力、自我完善能力、自我迭代能力、信息处理能力、想象力和创新能力等。

因此，为满足广东省和河源市对现代旅游业人才的迫切需求，契合旅游业发展趋势，需要加强学生综合素质和职业综合能力、专业融通能力、自我迭代能力、多元思维等方面的培养。

第三节　建设目标

一、标杆比对

上海旅游高等专科学校是世界旅游组织附属成员、中国旅游名校 T10 联盟成员、中国旅游院校"五星联盟"成员。深圳职业技术学院旅游管理专业群是全国职业院校旅游类示范点专业、省一流院校建设专业、省示范专业以及省重点专业。以上述两所院校旅游管理专业群为对比标杆，本专业群主要存在以下差距。

（一）专业建设成果

上海旅游高等专科学校是全国唯一一个旅游类国家示范性高职院校，深圳职业技术学院旅游管理专业群是国家级职业院校旅游类示范点专业，本专业群的高等职业院校提升专业服务地方能力建设项目获中央财政支持。

（二）师资力量

上海旅游高等专科学校、深圳职业技术学院旅游管理专业群专任教师高级职称比例高，优于本专业群。

（三）科研水平

上海旅游高等专科学校、深圳职业技术学院旅游管理专业群取得多项国家级科研成果，本专业群取得文化和旅游部、省级科研成果较多。

（四）人才培养模式

上海旅游高等专科学校、深圳职业技术学院面向国际化，依托产业融合、重点实训室和数字化实训室，培养适应智能时代需要的复合式创新型高素质技术技能人才。在信息化、数字化时代，本专业群的人才培养模式行业依托有待加强和模式创新。

（五）实训室建设

上海旅游高等专科学校、深圳职业技术学院专业群拥有多个重点实训室。上海旅游高等专科学校由中央财政支持、地方政府建设模拟导游基础实验室、旅游饭店实验实训室、现代饭店信息化管理公共实训基地等多个特色优势、重点实训室。深圳职业技术学院管理学院拥有物流、旅游、酒店、管理、企业资源计划（ERP）、i-Lab 等多个实训室，软硬件设备价值一千多万元。本专业群实训室建设有待加强，特别是重点实训室和数字化实训室。

（六）国际交流

上海旅游高等专科学校重视境外实习与就业基地建设，跨境联合人才培养模式成熟，本专业群的跨境交流、培训合作有待开发和拓展。

二、建设目标和具体措施

（一）深化"内外交替、真岗培养"的人才培养模式

持续推动产教融合，深化"内外交替、真岗培养"专业群人才培养模式，联合广州长隆集团、广东客天下旅游集团、东莞青旅等领军企业成立产业学院，持续开展"客天下国际旅游度假区国家级现代学徒制""御临门订单班"和"旅游精英班"人才培养工作。

提升专业群"中职—高职—本科"人才培养质量，深化创新型人才培养改革，推动旅游类"1+X"职业技能等级证书认定试点，为现代旅游业输出"工匠精英"。

（二）打造"德技双馨"一流教师教学创新团队

构建师资队伍"育、引、聘"结构优化机制，多措并举，引进和培养在行业有影响力的专业领军人才 1~2 人，特聘国家级技能大师 2 人，培育省级教学名师 1 名，省级高层次技能型兼职教师 3 人，骨干教师 15 人，优秀兼职教师 12 人。教师教育教学能力、技术技能服务能力和国际合作交流能力持续

增强，形成一支知识结构合理、业务结构多元、年龄与职称结构呈正态分布的高水平、结构化教师教学创新团队。

（三）联合领军企业，共建优质教学资源

联合客天下、长隆、东莞青旅等合作企业，共建共享教学资源，共同研制高水平的专业课程，开发适应职业教育规划、行业标准规范的工作手册式教材 3 部，活页式教材 3 部，富媒体教材 3 部，其中国家级规划教材 1~2 部，省级规划教材 2 部；推进线上线下混合式教学，实施"金课"计划，建设高水平"金课"6 门，建设国家精品在线开放课程 1 门，省级 2 门。

（四）聚焦产业发展，建设现代旅游综合平台

聚焦粤港澳大湾区旅游产业发展，整合专业群现有的旅游规划发展研究中心（国家旅游规划丙级资质）、广东省旅游培训基地、客家菜师傅培训学院、客家文化学院、酒店管理咨询中心等资源，服务粤港澳行业企业，打造优秀的科研创新服务团队，建设资源共享、机制灵活、产出高效的现代旅游综合服务平台。

（五）响应行业发展，打造专业群数字化实训室

为切实保障信息技术综合型人才的培养质量和培养效率，响应教育部等九部门印发的《职业教育提质培优行动计划（2020—2023 年)》中提到的职业院校要推动信息技术与教育教学深度融合的要求，主动适应科技革命和产业革命，以"信息技术+"升级传统专业为契机，全面打造和升级专业群数字化实训室，实现新建智能化礼仪实训室、校中厂——旅游移动数字化营销工作室规划、扩建智能客房实训室、扩建数字化旅游综合实训室、扩建烹饪综合实训室、扩建茶艺实训室等多项实训室建设。

（六）拓展旅游教育国际交流与合作

推动金钥匙学院河源分院的成立，提升专业人才培养的标准化和规范化；加强与"一带一路"共建国家和地区高校的合作，开展人才培养和师生交流。

第四节　建设任务和进度安排

建设任务和进度安排如表1-4所示。

表1-4　建设任务和进度安排

序号	建设内容		年度目标				
			2021年	2022年	2023年	2024年	2025年
1	人才培养模式创新	人才培养模式创新与实践	完成专业群人才需求报告1份；获得校级以上教学成果奖2项	完成专业群人才需求报告1份；完成人才培养模式研究专著1部	完成专业群人才需求报告1份	完成专业群人才需求报告1份；获得校级以上教学成果奖2项	完成专业群人才需求报告1份
		产业学院	产业学院实施计划、前期调研、可行性报告1份	与长隆、客天下或春沐源等领军企业签订产业学院框架协议和备忘录	正式成立产业学院，探索组建产业学院架构，形成新型战略伙伴关系	成立产业学院企业工作室、创新工坊，开展企业实践项目	完成产业学院运行实践效果评估报告，双主体协同育人实效评价
		现代学徒制和订单班	继续开展客天下现代学徒制和春沐源订单班人才培养	现代学徒制，人才培养实施评估与总结；开设长隆订单班	现代学徒制、订单班过程实施、中期总结反馈	订单班过程实施、总结反馈；开设康帝国际酒店订单班	争取建设省级订单班1个；举办旅游管理专业群现代学徒班研讨会，完成培养总结报告

续表

序号	建设内容	年度目标				
		2021 年	2022 年	2023 年	2024 年	2025 年
	专业群人才培养方案	制定专业人才培养方案3个；制定毕业生社会需求与人才培养质量报告1份	制定专业人才培养方案3个；制定专业学生综合评价方案1份；制定毕业生社会需求与人才培养质量报告1份	专业指导委员会论证人才培养实施情况报告1份；调整人才培养方案1份；制定毕业生社会需求与人才培养质量报告1份	完成专业人才培养方案实施效果评估报告1份；企业调研培养成效报告1份；制定毕业生社会需求与人才培养质量报告1份	完成专业人才培养调研报告3份；制定专业人才培养方案3份
	"德技并修"职业素养体系	开展万绿湖导游义工队、旅游协会、酒店管理协会、青年益工社、礼仪协会等职业素养提升系列活动10场；组织学生参加省级以上职业技能大赛；指导学生参加挑战杯和"攀登计划"大赛1~2项	构建"课程—社团活动—志愿者服务—校园生活"职业素养成体系；开展万绿湖导游义工队、旅游协会、酒店管理协会、青年益工社、礼仪协会等职业素养提升系列活动10场；组织学生参加省级以上职业技能大赛	打造"德技并修"的专业文化；开展万绿湖导游义工队、旅游协会、酒店管理协会、青年益工社、礼仪协会等职业素养提升系列活动10场；指导学生参加挑战杯或"攀登计划"大赛1~2项；组织学生参加省级以上职业技能大赛	开展志愿者活动、社团活动等职业素养提升系列活动12场；组织学生参加省级以上职业技能大赛1~2项；指导学生参加挑战杯或"攀登计划"大赛1~2项	开展万绿湖导游义工队、旅游协会、酒店管理协会、礼仪协会等系列活动15场；组织学生参加省级以上职业技能素养提升系列活动15场；组织学生参加省级以上职业技能大赛1~2项

续表

序号	建设内容		年度目标				
			2021年	2022年	2023年	2024年	2025年
2	课程教学资源建设	"1+X"证书试点建设与课程体系建设	完成行业企业调研、课程设置与产业体系对接报告；校企共同开发课程标准、实习标准等5个，旅游类"1+X"证书试点前期工作	校企共同开发课程标准、实习标准等5个；构建专业群课程体系	开展旅游类"1+X"证书试点；校企共同开发课程标准、实习标准等5个	开展旅游类"1+X"证书认定工作；校企共同开发课程标准、实习标准等5个	专业群课程体系评估与升级；专业群课程体系总结与整改报告
		精品在线开放课程	联合深度合作企业研讨课程建设；建设校级以上"课程思政"示范课程4门	组建团队、建设校级精品在线开放课程1门；建设"旅游服务心理学"省级精品课1门；建设校级以上"课程思政"示范课程4门	精品在线开放课程总结与反思；建设校级以上"课程思政"示范课程4门	建设国家级精品在线开放课程或"课程思政"课程1门；建设校级以上"课程思政"示范课程3门	精品在线开放课程实际应用情况分析与总结；课程推广
		数字化教学资源库	联合企业制定专业群教学资源库建设规划	根据省标准实施专业群教学资源库建设	专业群教学资源库建设申报	运行、完善已建资源库	建成优质、高效、开放共享的专业群教学资源库1个

续表

序号	建设内容		年度目标				
			2021年	2022年	2023年	2024年	2025年
3	教材与教法改革	教材建设	编写出版教材1部; 行业标准规范的工作手册式教材1部; 专著2部	行业标准规范的工作手册式教材1部; 活页式教材1部; 专著1部	工作手册式教材1部; 活页式教材1部; 富媒体教材1部	活页式教材1部; 富媒体教材2部; 争取立项规划教材1部	出版富媒体教材2部; 争取立项规划教材1部; 专著1部
		教法改革	发表教研论文2篇; 形成系列教学改革成果过程性资料; 建设1门高水平的金课; 线上线下混合式课程1门	发表教研论文2篇; 形成系列教学改革过程性资料; 建设1门高水平的金课; 线上线下混合式课程2门	发表教研论文2篇; 建设1门高水平的金课	立项校级以上教改课题3项, 省级教研改课题1~2项; 发表教研论文2篇; 建设2门金课	省级教研教改课题1~2项; 发表教研论文2篇; 建设1门高水平的金课
4	教师教学创新团队	教学创新团队	专业群教师评价改革方案1个; 培育专业群带头人1人, 骨干教师4人; 引进国家级"技术技能大师"1人	引进或培养专业领军人才1~2人; 引进国家级"金牌导游"1人	培育校级以上教学名师1名; 培育青年骨干教师4人	省级高层次技能型兼职教师1人; 培育校级以上教学名师1人	培育青年骨干教师6人; 省级高层次兼职教师1人; 培育省级以上教学名师1人
		培养手段与成果	参加教师培训30人次; 参加校级以上教学比赛2人次	参加教师培训15人次; 参加校级以上教学比赛4人次	参加教师培训15人次; 参加校级以上教学比赛2人次	参加教师培训15人次; 参加校级以上教学比赛2人次	参加教师培训15人次; 科研获奖4人次

续表

序号	建设内容		年度目标				
			2021 年	2022 年	2023 年	2024 年	2025 年
			立项市级以上科研课题 2 项;发表四大检索核心论文 2 篇;发表论文 2 篇	发表四大检索核心论文 2 篇;发表论文 4 篇;立项市级以上科研课题 2 项	发表四大检索核心论文 2 篇;发表论文 5 篇;立项市级以上科研课题 2 项	发表四大检索核心论文 2 篇;发表论文 5 篇;立项市级以上科研课题 2 项;科研获奖 2 人次	立项市级以上科研课题 2 项;发表论文 5 篇;发表四大检索核心论文 4 篇
5	实践教学基地	校内实训室建设	新建智能化礼仪实训室;扩建数字化旅游综合实训室	扩建烹饪综合实训室(一期);购买人力资源管理软件	扩建茶艺实训室;新建智能客房实训室;扩建中西餐实训室;扩建烹饪综合实训室(二期)	新建数字化营销实训室;新建旅游综合实训室;扩建烹饪综合实训室(三期)	扩建酒吧实训室;扩建烹饪综合实训室(四期)
		校外实训基地建设	与万绿湖建立"校中厂";构建"产学研训创"一体化发展的产教融合机制	建立实训基地 2 个;完善"产学研训创"一体化发展的产教融合机制	建立实训基地 2 个;建立校企合作质量监控、评价和反馈体系	建立实训基地 2 个;建立省级大学生校外实践教学基地 1 个	建立实训基地 2 个;建立省级大学生校外实践教学基地 1 个
6	技术技能平台	平台建设	建设市级研学旅行研究院或市级民宿研究院 1 个;依托平台为行业提供技术服务	依托平台为行业提供技术服务	服务平台的实施效果评估;依托平台开展社会培训	服务平台的项目运营以及人才培养方式;开展技术服务	依托平台科研成果总结;依托平台开展社会培训

续表

序号		建设内容	年度目标				
			2021 年	2022 年	2023 年	2024 年	2025 年
7	社会服务	建设创新服务团队	组建团队，建设国家级"技术技能大师"工作室1个；制定服务团队能力提升计划	组建团队，建设国家级"金牌导游"工作室1个；制定服务团队能力提升计划	组建团队，建设校级名师工作室1个；制定服务团队能力提升计划；开展社会技术服务	组建团队，建设校级名师工作室1个；创新服务团队服务能力提升项目；开展社会技术服务	创新服务团队服务能力评价
		培训与技能鉴定服务	制定社会服务工作激励机制	完成社会培训或技能鉴定3项，1200人次	完成社会培训或技能鉴定3项，1700人次	完成社会培训或技能鉴定4项，2100人次	完成社会培训或技能鉴定3项，2500人次
		技术服务	开展技术服务项目2项以上；实现技术服务收入20万元以上；完成市级以上行业标准1个	开展技术服务项目3项以上；实现技术服务收入20万元以上；完成职业院校师资能力提升50人次	开展技术服务项目3项以上；实现技术服务收入20万元以上；完成职业院校师资能力提升50人次	开展技术服务项目4项以上；实现技术服务收入20万元以上	开展技术服务项目2项以上；实现技术服务收入20万元以上
8	国际交流与合作	国际人才培养合作	输送教师到境外攻读博士学位1名；师生赴境外交流7人次	邀请境外专业人士到校交流1次；师生赴境外交流7人次	师生赴境外交流7人次；设立客家文旅大讲堂	师生赴境外交流7人次；联合国世界旅游组织教育质量认证（UNW-TO-TedQual）项目引入与推进	师生赴境外交流7人次；参加联合国世界旅游组织 TedQual 交流计划

续表

序号	建设内容	年度目标				
		2021年	2022年	2023年	2024年	2025年
9	可持续发展保障机制					
	国际金钥匙学院河源分院	制定成立国际金钥匙学院河源分院计划	向国际金钥匙学院提出申请；引入金钥匙学院课程4门	实施成立国际金钥匙学院河源分院计划	正式成立国际金钥匙学院河源分院	金钥匙学院教学活动过程、效果评价、反馈
	自我诊断与改进机制建设	完善专业群诊改流程，实现常态化专业群自我诊改，建设动态化专业群内控体系	与行业专家共同组建专业群建设领导小组，重构目标链和标准链，构建专业群诊改方案，以企业评价为导向，专业群教学资源整合共享为目标	总结上一年专业群诊改经验，诊改运作效率，完成专业群诊断小循环1次；实施第三方评价	在总结前两年专业群建设和诊改经验的基础上，群诊改大循环，重构专业人才培养系统设计，使行业企业反馈评价机制和教学体系对接	完善专业层面诊断与改进工作，推进该项工作的常态化，构建较为完善的专业群内控体系方案1套
	联合国世界旅游组织教育质量认证	专业群制定认证规划	联系联合国世界旅游基金会，组织Themis认证申请提出认证申请	完成认证申请；世界旅游组织Themis基金会评审申请	依据计划进行项目建设	世界旅游组织Themis基金会评估验收

第五节 专业群建设管理

成立旅游管理专业群建设领导小组，由院长担任组长，副院长担任副组长，负责组织实施项目建设，研究制定政策及措施，对项目质量进行监控、评估和验收，总结建设经验，保障建设项目的进度和质量。学院设立专业群管理办公室，负责项目建设的日常工作，组建跨专业分项目建设团队，对各二级项目分项管理。此外，在专业建设指导委员会的基础上，结合高水平专业群建设需求，组建专业群专家委员会，邀请政府官员、协会会长、企业管理层等为专家委员，为专业群建设提供决策支持。

按照分级负责、逐级考核的办法，坚持定量考核与定性考核、过程评价与目标评价相结合，采取校级考核与各工作组自查方式，依据评价结果动态调整经费支持力度。主动接受上级管理部门的监督、检查，组织开展年度检查，定期向省教育厅、学校职能部门汇报项目实施情况。做好项目的具体实施、日常管理、年度自评以及项目验收等工作，保证项目建设的进度、质量和效益。

加强资金使用管理，推进全过程预算绩效管理，加强资金审计管理，建立健全资金的专款专用制度、预算管理和审计监管制度。

第六节 预期成果

一、预期成效

（一）人才培养质量领先，成为粤港澳旅游人才培养高地

"内外交替、真岗培养"专业群人才培养模式越发成熟，专业群课程体系契合现代旅游产业转型升级，人才培养标准规范，赛教融合、线上线下混合式教学、"金课"计划实施成效显著，工作手册式教材、活页式教材和

富媒体教材互为补充，整体人才培养成效显著，向粤港澳地区输送现代旅游业发展急需的"一流技能型、复合型、精英型"人才，成为旅游人才培养高地。

应届毕业生获取行业权威证书比例全省领先，学生在旅游行业领军企业就业比例超 50%，学生获省级以上大赛奖项 8 个。

（二）现代旅游综合服务平台机制灵活、产出高效，成为行业社会服务的品牌

整合专业群现有的资源，建成现代旅游综合服务平台，建设一流科研创新服务团队，立足河源，面向粤港澳行业企业，继续开展旅游志愿者活动，拓展专业技术服务，如酒店服务升级、传统旅游技术升级与攻关、民宿营运、田园综合体设计、粤菜师傅工程等，并形成"科研+技术服务+社会培训+人才培养"于一体的平台，助力广东旅游业转型升级。建设期内，为政府企业提供技术服务项目 14 项以上，市级以上科研课题 10 项以上，实现技术服务收入 100 万元以上。

（三）教师教学创新团队德技双馨，成为旅游职业教育的领航者

成功引进和培养专业群省级领军人才 1~2 人，特聘国家技能大师 1 人，国家"金牌导游"1 人，省级高层次技能型兼职教师 1 人，培育校级以上教学名师 2 人，建设 4 个名师工作室，依托产业学院建立校企互聘人才库，最终建成结构合理、师德高尚、技能突出，能够有效推动旅游职业人才培养改革与创新的教学团队。

（四）开展专业国际认证，成为质量保证体系的范例

与联合办学院校、合作企业共同开发国际通用的旅游服务类专业标准、课程标准及数字化资源，向粤港澳大湾区旅游职业教育输出专业标准和课程标准。

二、预计标志性成果

旅游管理专业群预计标志性成果如表 1-5 所示。

表 1-5　旅游管理专业群预计标志性成果

分项任务	标志性成果	级别		
		国家	省	其他
教学改革	教学成果奖获奖（项）		1	2
	教研教改课题（项）	1	2	
	现代学徒制（个）		1	
	订单班（个）			3
人才培养	"攀登计划"项目（项）		2	
	大学生挑战杯竞赛（项）		2	
	全国职业院校技能大赛（项）		8	
	全国旅游院校技能大赛（项）	5		
教学团队	引进专业领军人才（人）		1~2	
	培育高层次技能型兼职教师（人）		1~2	
	教学能力大赛（人次）		2	2
	培育教学名师（人）		1	2
	引进技术技能大师（人）	1		
	引进"金牌导游"（人）	1		
	科研获奖（人次）			6
	四大检索或核心期刊论文（篇）		12	
教学资源	旅游类"1+X"职业技能证书认定试点（个）	3		
	精品在线开放课程（门）	1	1	2
	"课程思政"示范课程（门）		1	15
	金课（门）			6
	规划教材（部）	1		
	新形态教材（部）		12	
	教科研专著（部）		4	
	大学生校外实践教学基地或实训基地（个）		2~3	

续表

分项任务	标志性成果	级别		
		国家	省	其他
技能平台与 社会服务	"技术技能大师"工作室（个）	1		
	"金牌导游"工作室（个）	1		
	研学旅行研究院			1
	社会服务进账	100 万元以上		
国际交流与合作	UNWTO-TedQual	完成国际认证		
	国际金钥匙学院河源分院	成立金钥匙河源分院		

第七节　保障措施

一、加强组织管理，协同推进建设

　　学校成立高水平专业群项目建设领导小组，负责顶层设计和重大方针政策部署，统筹协调、整体推进建设任务。领导小组的工作内容包括审议建设方案、任务书，审议建设任务预算，审议建设管理办法、年度进展报告、绩效报告及验收自评结果等。领导小组由书记、校长担任组长，分管教学的副校长任常务副组长，分管纪检、人事、后勤、财务的校级领导任副组长。成员包括教务处、科研处、组织人事处、党政办、宣传部、纪委（监察审计处）、学生处、财务处、资产后勤处等职能部门和有关二级学院（部）的主要负责人。领导小组下设办公室和专项工作组，各级组织目标具体，分工精细，责任明确，为高水平专业群建设提供有利的组织保障。领导小组统一领导，建设办公室和各建设工作组分工合作、责任关联的协同推进机制。建立定期会议制度，每季度召开一次协调推进会议，听取各工作组建设进展情况，研究解决重大问题，安排部署相关工作。

二、强化过程管理，实行绩效评价

　　按照分级管理、责任到人的管理思路，实行任务建设目标管理责任制。

建立三级管理机构，实行三级管理，各级工作组负责人承担相应的责任，接受办公室的检查和考核，根据检查和考核结果动态调整下级人员的任用、经费支持等。坚持"动态管理、周期评价、实时完善"原则，制定《河源职业技术学院高水平专业群建设项目实施管理办法》，引入建设过程实时监控系统，监控任务建设进度、建设质量等，建立信息通报和沟通机制，确保建设任务高效有序推进。按照建设方案和任务书的要求，对建设过程及完成结果进行绩效考核评价。按照分级负责、逐级考核办法，坚持定量考核与定性考核、过程评价与目标评价相结合，采取校级考核与各工作组自查方式进行，依据评价结果动态调整经费支持力度。各级工作组主动接受上级管理部门的监督、检查，组织开展年度检查，定期向省教育厅、学校职能部门汇报项目实施情况。做好项目的具体实施、日常管理、年度自评以及项目验收等工作，保证项目建设的进度、质量和效益。

三、争取多元投入，规范资金使用

制定《河源职业技术学院高水平专业群建设资金管理办法》，加强资金使用管理，推进全过程预算绩效管理，加强资金审计管理，建立健全资金的专款专用制度、预算管理和审计监管制度，确保资金科学、合理、规范使用。

四、紧抓发展机遇，营造良好环境

通过多种渠道、多种形式进行全面、广泛而深入地宣传，使全校上下充分认识高水平专业群建设的重大意义，做到全员参与，群策群力，形成高水平专业群建设的强大合力。坚持正确用人导向，在高水平专业群建设过程中锻炼干部、成长教师，营造干事创业的良好环境。建立校内改革创新容错纠错机制，激发高水平专业群建设的积极性、主动性、创造性。

第二章 旅游管理专业群各专业人才培养方案的编制

人才培养方案是学校落实党和国家关于技术技能人才培养的总体要求，它是组织开展教学活动、安排教学任务的规范性文件，也是实施专业人才培养和开展质量评价的基本依据。一个完整的专业人才培养方案一般包括专业名称及代码、入学要求、修业年限、职业面向、培养目标与培养规格、课程设置、学时安排、教学进程总体安排、实施保障、毕业要求等内容，并附有教学进程安排表。

第一节 旅游管理专业人才培养方案

一、专业名称及代码

专业名称：旅游管理。

专业代码：540101。

二、入学要求

普通高级中学毕业、中等职业学校毕业或具备同等学力。

三、修业年限

标准学制为 3 年，实行学分制，学习年限为 3~5 年。

四、职业面向

旅游管理专业职业面向如表 2-1 所示。

表 2-1　旅游管理专业职业面向

所属专业 大类	所属 专业类	对应 行业	主要职业 类别	主要岗位类别 （技术领域） 举例	职业资格（职业技能 等级）证书举例
旅游大类 （54）	旅游类 （5401）	商务 服务业 （72）	导游 （4-07-04-01） 旅游团队领队 （4-07-04-02） 旅行社计调 （4-07-04-03） 旅游咨询员 （4-07-04-04） 公共游览场所服务员 （4-07-04-05） 营销员 （4-01-02-01）	导游员 出境领队 计调 产品设计 景区管理 酒店服务管理	全国导游人员 资格证书 （中文、英文） "1+X"研学旅行证书 "1+X"旅行策划证书 "1+X"定制旅行管家服务 旅游酒店管理师

五、培养目标与培养规格

（一）培养目标

旅游管理专业坚持立德树人，为党育人，为国育才，以习近平新时代中国特色社会主义思想为指引，培养德智体美劳全面发展的高素质人才。学生应具备一定的科学文化水平、良好的职业精神和社会责任感，掌握接待服务、项目策划、产品设计、数字营销等方面的知识及相关法律法规。具备认知能力、合作能力、创新能力、职业能力等支持终身发展、适应时代要求的关键能力，具有较强的就业创业能力，面向商务服务业等行业领域，能够从事导游服务、旅游咨询、旅游产品策划、旅游数字营销、目的地运营管理等工作。

（二）培养规格

1. 专业人才素质要求

（1）坚定拥护中国共产党领导和社会主义制度，在习近平新时代中国特色社会主义思想指引下，践行社会主义核心价值观，具有深厚的爱国情感和中华民族自豪感。

（2）崇尚宪法、遵法守纪、崇德向善、诚实守信、尊重生命、热爱劳动，履行道德准则和行为规范，具有社会责任感和社会参与意识。

（3）具有质量意识、环保意识、安全意识、服务意识、信息素养、工匠精神、创新思维。

（4）勇于奋斗、乐观向上，具有自我管理能力、职业生涯规划的意识，有较强的集体意识和团队合作精神。

（5）具有健康的体魄、心理和健全的人格，掌握基本运动知识和1~2项运动技能，养成良好的健身与卫生习惯，以及良好的行为习惯。

（6）具有一定的审美和人文素养，能够形成1~2项艺术特长或爱好。

2. 专业人才知识要求

（1）掌握必备的思想政治理论、科学文化基础知识和中华优秀传统文化知识。

（2）熟悉与本专业相关的法律法规以及环境保护、安全消防等知识。

（3）掌握商务与服务接待礼仪规范、旅游者旅游消费心理、旅游产品与服务质量管理、导游接待流程与服务规范等专业服务基础知识。

（4）熟悉旅行社相关行业标准以及文明旅游、生态旅游、全域旅游等从业基本知识。

（5）熟悉旅游企业人力资源管理和旅游企业财务管理等旅游企业管理基础知识。

（6）掌握旅游资源整合调度、旅游产品策划设计、旅游目的地资源供应概况与旅游客源国消费特征等旅游产品操作知识。

（7）掌握旅游消费行为特征、旅游产品市场运营、旅游产品咨询销售与门店管理、旅行社产品网络营销等专业营销知识。

3．专业人才能力要求

（1）具有良好的语言和文字表达能力，良好的交流沟通和合作能力。

（2）具有旅游服务中常见问题的处理能力，以及应对旅游突发事件的能力。

（3）具有旅游接待服务、产品设计、项目策划、数字营销等能力。

（4）具有旅游政策法规及行业标准、绿色生产、安全防护等应用能力。

（5）具有适应旅游产业数字化发展的基本技能。

（6）具有探究学习、终身学习和可持续发展的能力。

六、课程设置及要求

（一）公共基础课程

公共基础课程设置具体情况如表2-2所示。

（二）专业群平台课程

专业群平台课程设置情况如表2-3所示。

（三）专业核心课程

专业核心课程设置情况如表2-4所示。

七、教学进程总体安排

（一）课程设置与教学安排

课程设置与教学安排如表2-5所示。

表 2-2 公共基础课程设置

序号	课程名称	课程目标	主要教学内容	主要教学要求	课程思政育人
1	毛泽东思想和中国特色社会主义理论体系概论	本课程以马克思主义中国化为主线，集中阐述马克思主义中国化理论成果的主要内容、精神实质，历史地位和指导意义，充分反映中国共产党不断推进马克思主义基本原理与中国具体实际相结合的历史进程和基本经验，以马克思主义中国化最新成果为重点，全面把握中国特色社会主义进入新时代，系统阐释习近平新时代中国特色社会主义思想的主要内容和历史地位，充分反映建设社会主义现代化强国的战略部署	毛泽东思想；新民主主义革命理论；社会主义改造理论；社会主义建设道路初步探索的理论成果；邓小平理论、"三个代表"重要思想、科学发展观；习近平新时代中国特色社会主义思想及其历史地位	①识国情：通过具体的案例资料，使学生了解中国共产党成立以来、新中国成立以来、中国改革开放以来的国情演变及历史进程，做一个有知识的建设者；②晰（析）疑难：帮助学生明晰、分析中国百年沧桑巨变的历史和现实原因，解答学生理论疑点问题、社会现实问题、企业发展难题等，培养学生做一个有能力的建设者；③明是非：使学生能够顺应时代的发展，国一体的工作和生活中能够辨明在家、国一体，是非真假，善恶美丑，做一个有智慧的接班人；④树信仰：在对国家、社会和政党了解的基础上，将个人发展与社会进步联系起来，做一个有责任担当的接班人	系统掌握马克思主义基本原理和马克思主义中国化的理论成果、了解党史、新中国史、改革开放史和社会主义发展史，认识世情、国情、党情，深刻领会习近平新时代中国特色社会主义思想，培养运用马克思主义立场、观点、方法分析和解决问题的能力；矢志不渝地听党话、跟党走、争做社会主义合格建设者和可靠接班人

续表

序号	课程名称	课程目标	主要教学内容	主要教学要求	课程思政育人
2	思想道德与法治	以马克思列宁主义、毛泽东思想和中国特色社会主义理论体系为指导，以马克思主义人生观、价值观、道德观，综合运用马克思主义哲学、伦理学等相关学科知识，依据大学生成长的基本规律，在理论与实际结合的基础上，教育并引导大学生加强自身思想政治觉悟和道德修养，增强社会主义法律意识和法治观念、道德意识，提高思想政治和法律素质	学习人生真谛，坚定理想信念，践行社会主义核心价值观，做新时代的忠诚爱国者和改革创新的生力军；形成正确的道德认知，投身道德实践，做到明大德、守公德、严私德；把握社会主义法律本质、运行和体系，理解中国特色社会主义法治体系和法治道路的精髓，增进法治意识，养成法治思维，做到遵法、守法、用法	①该课程要以社会主义核心价值观教育为主线，和社会主义法治教育为核心，以爱国主义、社会主义、集体主义教育为核心，开展课堂教学；②教学要达到科学性、思想性、创新性，针对性和实践性的统一；③教学方式可灵活话多样，如理论教学、案例教学、课堂互动、多媒体教学和第二课堂的实践教学等；④学习成绩评定应注重科学性、合理性，注意将学生学习态度、平时成绩、卷面成绩、实践成绩等方面结合起来	引导学生"讲良知、明事理、守规则、学做人"，培养学生生成为适应经济社会发展需要的人才，促使他们构建和谐社会主义核心价值观，树立马克思主义的世界观、人生观和价值观，做社会主义核心价值观的积极践行者，成长为自觉担当民族复兴大任的时代新人
3	形势与政策	帮助学生正确认识国家的政治、经济、文化、社会、生态文明等形势，以及国家改革与发展所处的国际环境、时代背景，正确理解党的基本路线、重大方针和政策，正确分析社会关注的热点问题，激发学生	紧密围绕习近平新时代中国特色社会主义思想，依据教育部每学期印发的《高校"形势与政策"课教学要点》、省厅会安排教学，根据形势发展要求和学生特点，教学内	引导和帮助学生掌握认识形势与政策同题的基本理论和基础知识，掌握党的路线方针政策的基本内容，了解我国自改革开放以来形成的一系列政策和国特色社会主义进程中不断完善的政策体系；正确认识当前形势和社会热点同题，培养学生掌握正确分析形势和理解	帮助大学生正确认识新时代国内外形势，深刻领会党的十八大以来我国家取得的历史性成就、发生的历史性变革，面临的历史性机遇和挑战的核心，是第一时间推动党的理论创新成果进教材进课堂进学生头脑

续表

序号	课程名称	课程目标	主要教学内容	主要教学要求	课程政育人
		的爱国主义热情，增强其民族自信心和社会责任感，把握未来，勤奋学习，成才报国	容主要围绕党和国家推出的重大战略决策和当下国际、国内形势的热点、焦点问题，并结合河源职业技术学院教学实际情况和学生关注的热点、焦点问题来确定	政策的能力，特别是对国内外重大事件，敏感问题，社会热点，难点，疑点问题的思考，分析和判断能力；通过社会实践让学生感知国情民意，贯彻党的路线方针政策，把对形势与政策的认识统一到党和国家的科学判断上和正确决策上，树立正确的世界观和价值观	引导大学生正确理解党和国家的基本理念、基本路线、基本方针的重要渠道。学好本课对培养大学生爱国主义精神和民族精神，帮助他们树立正确的世界观、人生观、价值观，培养他们有重要素养具有重要作用
4	高职英语1	①课程目标要求：学生能基本听懂、能用英语交流关于健康、运动与健康、节假日、旅游、职场与未来等日常生活用语以及与职业相关的简单英语对话；②能基本读懂、翻译以及模拟套写一般题材及与未来职业相关的浅易英文资料；掌握常见的词语、长句、段落、习语、被动句、倍数、定语从句、名词性从句的翻译方法	谈论电影、运动与健康、节假日、旅游、职场与未来的听说读写内容	①通过英语语音、词汇、句型、阅读、写作及中西方文化的学习，要求学生能用英语就日常话题进行口头交流，能看懂4000左右词汇量的阅读文章，能用规范的应用文体进行笔头交流，交流时做到规范、得体；②在学习过程中要求学生学会自学，团队合作，善于思考，具备健康意识，务实精神，爱国情操及积极乐观的心态	①培养学生拥有健康意识及运动精神；②培养学生拥有乐于助人和团队合作的意识；③使学生养成务实的学习精神及灵活运用的能力；④使学生具备自主学习和解决实际问题的能力；⑤培养学生拥有良好的交际礼仪和沟通技巧；⑥使学生具备一定的思辨能力；⑦使学生具备跨文化交际能力的能力

续表

序号	课程名称	课程目标	主要教学内容	主要教学要求	课程思政育人
4	高职英语2	本课程承担着培养学生的英语基础知识、英语应用能力和提高高笔生综合职业素质的重任。通过本课程学习，以使学生掌握一定的英语基础知识，培养学生听、说、读、写的英语基本技能，使学生能借助词典阅读相关英语业务资料，在涉外交际和业务活动中能进行简单的口头和书面交流，同时掌握有效的学习方法，增强自主探究学习能力，提高人文素养和职业素养，为提升就业竞争力及今后的可持续发展打下良好的基础	本课程基于职业教育国家规划教材《新职业英语》的内容框架，结合文科类各专业学生的岗位需求，教学内容以真实的英语基础知识，在项目教学中加入仿真工作情境模块的教学内容，课程涉及办公室事务、商务会餐、产品设计、产品销售、物流运输和客户服务六大模块	通过学习，除了使学生掌握基本的英语听、说、读、写理论知识，还使学生能听懂日常和涉外业务活动中关于办公室事务、商务会餐、产品设计、产品销售、物流运输和客户服务的英语对话；能用英语进行办公室事务、商务会餐、商务运输和客户服务设计、产品销售、物流运输和客户服务的日常和涉外业务活动的简单交流；能阅读和模拟套写日常和涉外活动中的常见英文资料和实用文字材料，如会议议程、邀请信、产品目录、备忘录、投诉信、调解信等	①培养学生与人真诚沟通、团结协作的能力； ②培养学生良好的语言表达习惯和行为举止； ③培养学生跨文化意识，了解中西方文化差异，坚定文化自信； ④培养学生强烈的责任感和集体意识； ⑤培养学生自主学习和探究精神、创新精神、热爱学习和刻苦学习的精神； ⑥培养学生全球意识，拓宽学生视野； ⑦热爱祖国、热爱家乡、热爱中国优秀传统文化； ⑧培养学生节能环保意识； ⑨培养学生获取信息和处理信息的能力； ⑩弘扬社会主义核心价值观：爱国、敬业、诚信、友善等

续表

序号	课程名称	课程目标	主要教学内容	主要教学要求	课程思政育人
5	大学语文	①本课程是全校非语文教育专业的一门重要公共必修课，专业内容分为文学作品以及应用写作两部分。它旨在培养学生正确的世界观和人生观、健康的表达能力，从而使学生具有较高的审美意识，以及广博的见识，健全的人格。同时，这门课程具有其独特的特点，在培养学生的具有人文性，人文性的独立观察能力、思维能力、表达能力、审美能力、创造能力方面具有独特的作用；②本课程将人文教育与学科科学教育结合在一起，蕴藏着丰富的政治、社会、历史、自然等各种形象化的具体的知识，提升学生学好其他各门课程的先行课，是实现河源职业技术学院"立德树人"这一根本任务的重要阵地，同时也是对大学生进行素质教育的主要课程之一	本课程采用模块教学，分为文学欣赏、口才训练三个模块。写作训练三个模块，我们打破了传统的按照文学发展史和文章题材排序的上课模式，改以依据语文能力的构成，将课程内容分为四大模块。模块一：经典之声（精选古今中外优秀诗文，侧重提高学生的诗歌鉴赏和诵朗能力。模块二：佳品选读（精选脍炙人口的名著名篇，侧重提升学生的阅读理解、品评能力。模块三：口才魅力（精选名人演讲、会话名篇，提升学生的口语交际能力。模块四：写作指南（结合专业需要，遴选日常生活工作中常用的实用文体，提升学生的应用文写作能力）	①强化学生主体地位，引导学生在探究性学习、情境化体验、综合性语文实践以及社团活动中，提高语文综合应用能力；②强化人文教化，引导学生在知识习得、审美体验中，培养懂得爱、学会爱、奉献爱的职业生活情感，领略美、欣赏美、能鉴赏、能创造美之美的语文素养，提高人文品质和生活交流的语文素养，提高终身学习和可持续发展的能力③强化专业知识应用，引导学生将语文知识与专业实践融会贯通，在合作与交流中，在实践与发现中，在评价与激励中学，在自主构建中，提高终身学习和可持续发展的能力	①通过文学作品的学习，提高学生的文学鉴赏能力，在文学鉴赏过程中，融进思想政治内容，让学生在润物细无声中，培养正确的价值观和良好的人文素养，并为学生的终身可持续性发展奠定重要的素质教育基础；②通过演讲、辩论、讲故事、诗歌朗诵等口语训练，提高学生的口语水平，为培养学生职业发展所需的沟通协调能力打下良好基础，提高学生就业竞争力；③通过公文写作训练，尤其是在教学中注重写作方式，让学生掌握型项目教学的必需知识与技能，夯实学生语文书面表达能力的基础，提高学生语文实用应用能力的基础，提高学生就业竞争力

续表

序号	课程名称	课程目标	主要教学内容	主要教学要求	课程思政育人
6	体育与健康	①本课程以身体练习为主要手段，以增强大学生体质、增进大学生健康和提高体育素养为主要目的，使学生掌握和应用基本的体育与健康知识及运动技能，为"终身体育"打好基础； ②全面增强学生体质、提升学生体能，形成体育运动兴趣和爱好，形成坚持体育锻炼的习惯；具有良好的心理品质；具有良好人际交往的能力与合作精神，表现出对个人健康和群体健康的责任感，形成健康的生活方式；发扬体育精神，形成积极进取、乐观开朗的生活态度	田径；第九套广播体操；简化二十四式太极拳；选项课（篮球、足球、排球、气排球、羽毛球、乒乓球、网球、健美操、武术、毽球、体育舞蹈、定向越野等）	①对教师的要求。转变以单纯传授技术为中心的教学方法，树立健康第一的思想，坚持教书育人；改革传统的体育课教学模式，培养学生的综合素质；教师要由技术型转变为学者型，加强理论教学，加大科研的力度； ②对学生的要求。通过体育课教学，初学学生掌握科学锻炼身体的方法。通过体育课教学，较熟练地掌握最少一项能终身从事体育锻炼的技能，要通过体育课教学，增强健身意识，培养自觉锻炼身体的习惯，提高体育能力，培养创新精神，加强身体素质。注重社会公德，达到"国家体质健康标准"； ③对教学重难点把握的要求。课程教学重点落实在足在技能养成和身体素质提升上；教学难点立足在讲透体育锻炼与身体健康的关系，培养学生的健身意识，掌握所学体育"三基"内容，培养学生良好的心理素质和意志品质等方面	①通过树立学生"健康第一"的理念，提高学生健康水平，促进学生全面发展，丰富学生的精神文化生活，使学生了解国家体育文化精神，培养学生的爱国主义情怀和社会主义核心价值观； ②通过形成终身体育技能，锤炼学生意志品质，培养学生"工匠精神"； ③通过对抗比赛，培养学生的拼搏精神、团队意识、安全意识，公平竞争意识、守纪品质

续表

序号	课程名称	课程目标	主要教学内容	主要教学要求	课程思政育人
7	大学生心理健康教育	面向全体大学生开设集知识传授、心理体验与行为训练于一体的公共必修课程。开设该课程的目的是基于大学生身心发展的规律与特点，通过有针对性地讲授心理健康知识，开展多样化的体验和行为训练活动，帮助大学生树立心理健康意识，正确认识自己、接纳自己，不断优化心理品质，增强心理韧性，掌握自我探索、应对压力、挫折和心理危机的技能，预防心理疾病，促进大学生身心素质的全面提高	大学生活的心理适应；大学生的自我认识与身心问题；大学生的学习与创新心理；大学生的情感培养与情绪调节；大学生的人际关系与社会支持的家庭关系以及大学生恋爱心理；大学生的性心理与恋爱；大学生的挫折与压力管理；大学生网络与手机应用的自我管理；精神障碍与心理危机的预防与干预	①技能要求。能辨认大学生的一般心理问题，并能合理解决；能分析影响人际关系的因素；能调节大学生的消极情绪；能提高大学生的受挫能力，缓解大学生的学习压力、焦虑心理；能消除大学生失恋后的心理困扰；能为高职学生择业心理问题提供对策。②知识要求。掌握精神卫生法，掌握心理健康的识别方法；掌握心理健康的概念，心理障碍症状的识别标准；掌握提高挫折承受力的方法；掌握学习压力焦特性，消除考试焦虑方法，恋爱、异性心理交往的原则以及艺术，心理问题的对策；③素养要求。提高大学生心理健康素质，自我认知素质、人际交往素质、自信心、抵御挫折等综合心理素质	让学生明确心理健康的标准，掌握并应用心理健康知识、人际沟通能力、压力管理能力、情绪自我调节能力、社会适应能力和抵御挫折能力；培养学生良好的心理素质、自信精神、合作意识；全面提高学生的专业心理整体素养，为学生打下学习能力方法、思维方式，解决问题能力基础，为学生终身发展奠定良好、健康的心理素质基础

续表

序号	课程名称	课程目标	主要教学内容	主要教学要求	课程思政育人
8	信息技术	①让学生通过本课程的学习，掌握在 Windows 10 和 MS Office 2016 工作平台下进行信息处理的方法；②对学生进行计算机应用能力的培养，使学生可以顺利完成后续课程的学习，能更为出色地完成对计算机操作水平的要求	计算机基础知识、计算机系统的基本操作方法、Office 2016 办公软件的使用方法、上网操作应用方法	①计算机基础知识。了解计算机的概念、类型、应用领域，系统的组成与配置及主要技术指标；了解计算机中数据组成的表示和计算机病毒的概念与防治；了解计算机网络的概念和分类，掌握因特网的接入方式和简单应用；②计算机系统。了解操作系统的基本概念、功能、组成和分类，熟悉 Windows 10 操作系统的基本概念和常用术语；掌握 Windows 10 操作系统的基本操作和应用；③Office 2016 办公软件。掌握 Word 2016 中的对象操作方法，Word 的表格制作、数据的统计和排序方法；掌握 Excel 2016 工作表的基本操作，熟练运用数据公式的输入与函数的使用和记录筛选、查找、分类汇总；掌握图表的创建和格式设置；掌握演示文稿幻灯片的文字编排、图片和图表插入及幻灯片放映效果的设置方法；④上网操作应用方法。浏览器的使用、电子邮件的收发和搜索引擎的使用	将习近平新时代中国特色社会主义思想、社会主义核心价值观、家国情怀、文化自信、人文情怀、社会责任、工匠精神等思政治元素有机融入课程教学；将计算机基础专业知识与核心价值引领文化课程有机相结合；准确把握本课程育人的特点，强调高尚的道德情操是当代大学生必备的品质，作为新时代的接班人应有强烈的事业心、高度的责任心和爱心；在知识传授中注重价值引领，在价值传播中注重知识含量，全面提高大学生学析理，明辨是非的能力；培养具有崇高的理想、过硬的计算机知识和本领，复兴民族大业的情怀和担当精神的"社会主义时代新人"

表2-3　专业群平台课程设置

课程名称	课程代码	学分	旅游管理	酒店管理与数字化运营	烹饪工艺与营养
茶艺服务基础	GS091306	2	●	●	●
职业素养	GS031107	1	●	●	●
管理学基础B	GS061112	2	●	●	●

注：●表示相应专业开设本课程。

表2-4　专业核心课程设置

序号	课程名称	课程目标	主要教学内容	主要教学要求	课程思政育人
1	旅游服务礼仪	本课程是旅游管理专业的核心课程，通过学习旅游服务礼仪知识，有助于完善自我，提高个人素养，在旅游工作实践中，发扬中华民族的优良传统，展现中国旅游工作者的精神风貌，满足中外宾客在礼貌服务方面的要求	①形象礼仪，包括仪容礼仪、仪表礼仪和仪态礼仪；②社交礼仪，包括餐饮礼仪、座次礼仪、握手礼仪、名片礼仪、介绍礼仪和电话礼仪；③职业礼仪，包括引导礼仪和沟通礼仪	①能明确东西方礼仪文化的差异，培养学生自觉成为中国传统礼仪文化的保护者、传播者和弘扬者；②能学会人际交往与沟通，培养学生与人和谐相处的能力，具备塑造企业良好形象的意识；③提高个人气质和修养，形成良好的礼仪行为习惯，塑造良好的个人形象；④能为各种类型的游客提供礼仪服务；⑤能熟练运用各种场合的礼仪规范	①在内容育人方面，通过职业价值观，弘扬社会主义核心价值观，坚持"四个自信"，坚定职业自信；②在方法育人方面，通过科学、系统、专业的安操训练，引导学生感受美、认识美，追求美，并能把对美的认知传递给服务对象；③在实践育人方面，通过"导游学文工队"等公益性组织，服务社会、服务行业、服务地方，培养地方生服务速给游客合格的礼仪的志愿者精神

续表

序号	课程名称	课程目标	主要教学内容	主要教学要求	课程思政育人
2	导游业务	本门课程是旅游管理专业的核心课程，为旅游管理专业高素质技能型人才的培养目标服务，在前续课程的基础上，通过导游业务操作过程及岗位分析，进一步培养和提升学生的旅游接待、协作、讲解、应变等工作能力	①导游服务认知，包括导游服务的内涵、类型、发展历程、性质、特点、地位及作用；导游的内涵、类型、从业素质、导游素质要求、职业道德与修养；导游礼仪； ②导游服务程序，包括地方导游、全程导游、景区导游、散客导游服务程序与服务质量、导游领队引导文明旅游规范； ③旅游故障的预防和处理，包括自然灾害与问题与事故的处理、自然灾害的应对；突发公共卫生事件的应对； ④旅游者个别要求的处理； ⑤导游服务技能，包括导游的语言技能、带团技能、讲解技能	①能进行团队及散客的接待，具备良好的沟通能力； ②能进行沿途讲解，具备活动组织能力； ③能根据游客需求，合理地解决特殊问题； ④能迅速、合理地解决各种突发问题，具备应变能力； ⑤能根据旅行社要求，进行游客意见反馈及费用结算	①在内容育人方面，培养学生严于律己，遵纪守法的职业习惯。培养学生树立高度的法纪观念，自觉地遵守国家的法律、法令，遵守旅游行业的规章；严格执行导游服务质量标准，严守国家和旅行社的商业机密，维护国家和旅行社的利益； ②在方法育人方面，培养学生的集体主义思想和乐于助人的品质。让学生意识到导游人员是处在旅游接待工作中的一员，必须从这个集体的利益出发，团结协作，才能圆满完成接待任务； ③在实践育人方面，培养学生强烈的爱国意识。使学生了解导游服务在现代化社会中的地位和作用，激发学生热爱祖国、热爱人民的民族精神。要让学生明白导游员不仅是自己的爱国主义者，而且要通过自己的讲解向来华访问的旅游者深深体会到中华民族的自尊心和自信心

续表

序号	课程名称	课程目标	主要教学内容	主要教学要求	课程思政育人
3	旅行社计调业务	本课程是旅游管理专业的一门核心课程，是学生从事计调工作必须掌握的课程之一。该课程为旅游管理专业高素质技能型人才的培养目标服务，在前续课程的基础上，通过计调操作过程及岗位分析，进一步培养学生的旅行社组团型、接待型、专线型、散客型计调操作能力，为后续课程奠定旅游行业信息处理等方面的基础	①本课程以旅游团队产品的计划与调度为载体。使学生掌握旅游团队计划计调等专业能力所需的知识与技能，本课程以实战式教学模式为主，注重学生实际工作能力的培养。依托天港成旅行社管理软件，以旅游考察团产品的计划与调度为载体，贯穿于课程体系中，设立5个项目模块，12个子任务驱动项目化教学，训练学生旅行社综合计调业务能力。②课程以旅行社计调工作技能为中心，以知识传授为组织形式，并让学生转变课程内容组织形式，在完成旅行社计划与调度完成具体项目的同时，注重构建计调理论知识，培育旅游行业发展素养	①课程设计采用项目驱动型教学方法，分为任务目标、案例引入、提出问题、相关知识、项目实训、习题与实践，模块小结、知识拓展8个版块，以模块为基本单元，以完成项目的过程为主线，将知识和技能点穿插其中。教学过程中强调知识的实用性，充分体现了职业教育"教学做一体化"的原则。根据学生的认知规律，较好地处理理论和实践、知识和能力之间的关系；②课程遵循由实际到理论、由个别到一般、由零碎到系统的知识的原则。针对所学的知识和技能，设计贴近生活和旅行社行业实际的具体项目任务，在任务中蕴含学习所需的基本概念和要求，力求以项目来驱动教学	①在内容育人方面，结合诚信为本的理念，培养学生良好的职业道德和敬业精神，鼓励肯定学生建立平等、互助、友爱的关系，营造积极、健康、融洽的团队协作氛围；②在方法育人方面，通过项目教学法、讨论法、讲授法等，将典型工作任务、实务经典案例融入课堂教学，培养学生爱岗敬业、乐于奉献的精神；③在实践育人方面，通过软件技能实践教学环节，帮助学生具备适应环境创新能力、责任良知

续表

序号	课程名称	课程目标	主要教学内容	主要教学要求	课程思政育人
4	旅行社经营与管理	本课程是旅游管理专业的必修课程，是一门在运用相关旅游学科理论分析典型旅行社经营管理工作过程基础上开发的以项目教学为主要教学方法的应用性管理课程。通过项目式训练使学生掌握同业操作、企业谈判、人员培训、年度计划制定等旅行社日常的管理工作相关操作流程与掌握的管理技能。通过本课程的学习能使学生熟悉与掌握旅行社基层管理的基本工作与技能，以保证与毕业顶岗的一致性，让学生较快地适应旅行社实际工作岗位	①旅行社的设立，包括办理设立旅行社手续、制定旅行社组织结构图； ②旅行社员工培训方案的制定，包括制定人员招募方案、制定部门培训计划； ③旅行社旅游产品设计，包括产品开发的流程和基本方法、线路的分析技巧，设计及优化方法； ④旅游采购，包括制定购买，吃、住、交通、行的配合方案，完成景区、饭店谈判方案和处理措施； ⑤旅游接待，掌握旅行社接待工作的计划、质量、成本、安全等工作管理旅游线路的成本控制原理； ⑥旅行社年度计划制定与撰写总结。包括本地区经济发展及行业竞争环境分析以及行业发展的最新动态分析	本课程标准以旅游管理专业学生的就业为导向，遵循高等职业院校学生的职业能力考核要求和规律，紧密结合旅行社职业经理资格证书中的相关工作模块和课程内容。为了充分体现任务引领、实践导向课程理念，本课程按旅行社的设立、新旅游产品的开发、旅游交易会参展方案、同业操作等日常旅行社经营管理工作过程进行课程内容安排，以本院大学城旅行社营业部实际部门日常管理工作为载体，组织课程教学内容	①在内容育人方面，通过职业美育，弘扬社会主义核心价值观，坚持"四个自信"，坚定职业自信； ②在方法育人方面，通过科学、系统、专业的项目教学，让学生感受企业的氛围，掌握企业管理的方法； ③在实践育人方面，通过"导游义工队"，万绿湖大学生实践基地等社会性组织，培养学生服务社会、服务行业，服务地方的志愿者精神

续表

序号	课程名称	课程目标	主要教学内容	主要教学要求	课程思政育人
5	旅游市场营销	本课程是对旅游市场经营、实践活动的科学总结,也是学生从事旅游工作必须掌握的专业核心课程之一,是基于旅游市场营销实践过程,以"任务驱动、项目导向"为主要教学模式的综合性、实践性、应用性课程	本课程内容的选取,紧扣培养学生具备旅行社主要技术操作能力的目标,基于易学易教的理念,以渗透旅游业核心能力模块为主线,以旅游产品销售认知、旅游营销环境分析、旅游市场调研,旅游消费者购买行为分析、旅游产品策略、旅游产品价格策略、旅游营销渠道策略、网络环境下的旅游营销等项目为载体,执行学生的综合性实践能力训练的内容体系	本课程是在学生学习了"旅游概论""旅行社经营与管理""旅行社计调业务"等课程的基础上开设的,该课程建立了9个学习任务,预置30个的学习任务,旨在强化学生们的旅游营销与策划意识,培养学生熟练掌握旅游市场营销与策划的基本原理和方法,具有一定的营销工作能力、能灵活运用各种营销策略及营销技能,实现旅游企业市场营销的营销目标	①在内容育人方面,结合诚信为本的理念,培养学生良好的职业道德和敬业精神,引导学生树立正确的世界观、人生观和价值观,践行社会主义核心价值观,将个人职业理想与社会担当有机结合; ②在方法育人方面,通过项目教学法、讨论法和讲授法等,将典型工作任务和实务经典案例融入大课堂教学,培养学生的团队意识及妥善处理人际关系的能力; ③在实践育人方面,通过模拟课程实践、VR体验实训,帮助学生培养适应环境开拓创新的能力
6	旅游服务心理学	通过对旅游心理学的理论基础入门学习,学生能了解旅游心理学研究对象与方法,理解内外部因素与旅游消费行为的关系,能在掌握旅游消费心理学知识的基础	①旅游服务心理学的理论基础、研究内容与研究方法;②旅游者的心理分析,包括旅游消费行为的心理背景,旅游消费者的知觉规律,旅游者的需求与动机等;	①认知旅游服务心理的价值;②根据旅游消费者的行为分析,设计具有针对性的旅游产品主题,进行有效宣传;③针对不同气质、性格的游客进行售前合产品的展示与出售;	①在内容育人方面,培养学生对客服务的专业意识与职业素养,形成对服务的自觉性,养成爱岗敬业、认真负责、课堂谨慎、精益求精的职业精神,引导学生自我反思,感悟人生意义,提升人生价值与

续表

序号	课程名称	课程目标	主要教学内容	主要教学要求	课程思政育人
		上分析旅游者的需求与动机，通过观察分析特征等方法辨识游客的个性特征与心理状态，运用心理互动形式调节游客的心理状态，采用合适的心理服务技巧提供针对性的优质服务，建立良好的客我互动，同事互动关系。培养学生形成关注旅游者心理与服务人员心理素质的习惯，引导其提升心理服务意识与自我心理调节能力，为学生在今后学习与工作状态中保持健康的心理状态奠定基础，促进其塑造阳光健康的职业形象	③旅游服务的心理环境，包括旅游服务中的客我交往的心理特点，游客气质与性格的基本类型，旅行社前台设计的心理原则； ④旅游行程中的心理服务，包括导游带团、餐饮服务、旅游购物等心理服务与技巧，投诉处理步骤与技巧等； ⑤旅游企业员工的心理管理，包括情绪察觉与调整的技巧及自我压力调适方法	④通过判断游客的个性特征，分析不同状态下，不同旅游时期游客的心理，在接团、旅途、游览、投诉等环节中提供相应的优质服务； ⑤及时调整自我在服务过程中的心理状态，在遇到工作挫折、工作压力时迅速调整心态	逆商，形成积极乐观的健康心理状态，塑造健全人格，实现身心和谐健康全面发展； ②在方法育人方面，通过线上线下混合式教学，参与式教学等，项目式教学、研讨式教学等，将企业案例融入课堂教学，帮助学生熟悉实用的旅游服务知识与技能； ③在实践育人方面，通过课程模拟实训等实践教学环节，帮助学生熟悉一线旅游服务岗位的心理服务方式，重点掌握产品设计、前台销售、导游带团等过程中心理知识与技能的运用，引导大家用心打磨良好的心理服务技能，塑造良好的心理客心理服务技能与专业气质

表 2-5　课程设置与教学安排

课程性质	课程类别	课程名称	课程编码	总学时	学分	课程类型/考核方式	各学期周学时分配					
							1	2	3	4	5	6
							16	18	18	18	18	16
校级平台课程	公共基础必修	思想道德与法治	GB011202	54	3	B/&	2*12	2*15				
		毛泽东思想和中国特色社会主义理论体系概论	GB021202	32	2	B/*	2*13+6					
		习近平新时代中国特色社会主义思想概论	GB031202	48	3	A/*		4*12				
		形势与政策	GB011103	48	1	A/#	2*4	2*4	2*4	2*4	2*4	2*4
		大学生心理健康教育	GB011103	32	2	A/#	2*8	2*8				
		军事理论	GB011105	32	2	A/&	10+22					
		高职英语1	RW011204	48	2.5	B/*	4*12					
		高职英语2	RW011205	56	3	B/*		4*14				
		信息技术	DX081201	48	2.5	B/*	4*12					
		体育与健康	GB0909XX	108	6	C/*	2*12	2*16	2*9	2*17		
		国家安全教育	GB1111XX	24	1	C/*	2*4			24		
		大学生就业指导	GB1010XX	32	2	B/#	2*4			2*8	2*4	2*4
		大学语文	RW021233	32	2	B/&	3*11-1					
		马克思主义中国化进程与青年学生使命担当	GB081201	24	1	A/&	2*12					
		创新创业教育	GB061201	32	2	B/&			2*16			
		大学美育	YS121201	32	2	B/&		2*16				
		劳动教育	GS101301	32	2	B/&	8	24				8
		应修小计		714	39		304	246	58	82	16	8

续表

课程性质	课程类别	课程名称	课程编码	总学时	学分	课程类型/考核方式	各学期周学时分配					
							1	2	3	4	5	6
校级平台课程	限定选修（四选一）	党史		16	1	A/#	16					
		新中国史	GB2222XX	16	1	A/#				16		
		改革开放史		16	1	A/#			16			
		社会主义发展史		16	1	A/#				16		
		应修小计		16	1	A/#					16	
	公共选修	（选课两门以上）		48	3			16	16	16	16	
		应修小计		48	3			16	16	16	16	
		单元小计		778	43		304	262	74	98	32	8
专业群课程	专业群平台课程必修	职业素养	GS031107	18	1	A/&	2*9					
		茶艺服务基础	GS091306	36	2	C/#			2*18			
		管理学基础B	GS061112	32	2	A/*				2*16		
		应修小计		86	5		18		36	32		
	专业群公共课程选修	（选课两门以上）					具体课程见旅游类专业群公共选修课程目录					
		课程1		16	1	A/#		16				
		课程2		16	1	A/#			16			
		课程3		16	1	A/#				16		
		课程4		16	1	A/#					16	
		应修小计		64	4			16	16	16	16	

续表

课程性质	课程类别	课程名称	课程编码	总学时	学分	课程类型 / 考核方式	各学期周学时分配					
							1	2	3	4	5	6
							16	18	18	18	18	16
专业课程	专业必修	旅游概论	GS081102	36	2	A/*	3*12					
		旅游服务礼仪*	GS031102	36	2	C/#	3*12					
		旅行社计调业务*	GS081209	54	3	B/#			3*18			
		旅游服务心理学*	GS081110	36	2	B/&			2*18			
		导游词写作	GS081230	36	2	B/&			2*18			
		旅游美学	GS081213	26	1.5	B/&			2*13			
		研学旅行	GS081103	54	3	B/&			3*18			
		旅游经济学	GS081104	36	2	A/&				2*18		
		旅游电子商务	GS081319	36	2	C/#				2*18		
		实用旅游英语听说	GS081212	68	3.5	B/#			4*17			
		旅行社经营与管理*	GS081217	36	2	B/&				2*18		
		旅游市场营销*	GS081218	36	2	B/&				2*18		
		普通话训练	GS081105	36	2	B/&	2*18					
		景区服务与管理	GS081221	36	2	B/&				2*18		
		应修小计		562	31		108		274	180		
	职业技能等级证书方向选修	旅游政策法规	GS081104	54	3	A/*		3*18				
		全国导游基础知识	GS081105	68	4	B/&		4*17				
		地方导游基础知识	GS081106	54	3	A/*		3*18				
		导游业务*	GS081207	68	3.5	B/#		4*17				
		应修小计		244	13.5			244				

续表

课程性质	课程类别	课程名称	课程编码	总学时	学分	课程类型/考核方式	各学期周学时分配					
							1 16	2 18	3 18	4 18	5 18	6 16
		单元小计		956	53.5		126	260	326	228	16	
必修	综合实践课程	入学教育与军训	GB051301	56	2	C	2w					
		认识实习	GS081325	28	1	C/#	1w					
		旅游管理专业实习	GS081326	392	14	C/#					14w	
		旅游技能综合实训	GS081327	112	4	C/#					4w	
		岗位实习	GS081328	448	16	C						16w
		毕业设计	GS081329	112	4	C						4w
		单元小计		1148	41		84				504	560
		创新学分			1	C						
		美育实践			1	C						
		合计		2882	139.5		514	522	400	326	552	568

注：①课程类型：A 表示纯理论课程，B 表示理实一体课程，C 表示纯实践课程。②考核方式：*号为笔试，#号为实务，&号为其他。

（二）周数分配

周数分配情况如表 2-6 所示。

表 2-6　周数分配

学期	周数分配							小计
	准备周	入学教育与军训	课堂教学	整周实训	岗位实习（含毕业设计）	考试	机动	
1	2	2	12	1(黄金周)		1		18
2			18			1	1	20
3			18			1	1	20
4			18			1	1	20
5				4	14	1	1	20
6					20			20
合计	2	2	66	5	34	5	4	118

注：机动和考试周一般安排在每学期的最后两周。

（三）学时学分结构

学时学分结构情况如表 2-7 所示。

表 2-7　学时学分结构

课程类别		学时统计				学分统计	
		占比（%）	课程学时	其中		占比（%）	学分
				理论学时	实践学时		
公共基础课	必修课	24.77	714	367	347	27.9	39
	选修课	2.22	64	64	0	2.9	4
专业课	必修课	62.32	1796	358	1438	55.2	77
	选修课	10.69	308	240	68	14	19.5

课程类别		学时统计				学分统计	
		占比（%）	课程学时	其中		占比（%）	学分
				理论学时	实践学时		
合计		100	2882	1029	1853	100	139.5
公共基础课占比（%）	26.99	实践占比（%）		64.30		选修占比（%）	16.85
必修课学时	2510	选修课学时		372			

八、毕业要求

学生通过规定修业年限的学习，修满专业人才培养方案所规定的学分，达到专业人才培养目标和培养规格的要求以及《国家学生体质健康测试标准》相关要求，准予毕业，颁发毕业证书。

学生须达到以下要求方可获得毕业证书：

（1）最低毕业学分为 139.5 学分或以上（其中包含公共选修课 8 学分，课外 2 学分）；

（2）应修满 8 学分及以上的公共选修课程；

（3）应修满 2 学分的课外活动；

（4）应取得 1 本以上国家职业资格证书：全国导游人员资格证书（初级）或旅游类、经管类相关职业技能等级证书。

第二节　酒店管理与数字化运营专业人才培养方案

一、专业名称及代码

专业名称：酒店管理与数字化运营。

专业代码：540106。

二、入学要求

普通高级中学毕业、中等职业学校毕业或具备同等学力。

三、修业年限

标准学制为 3 年，实行学分制，学习年限为 3~5 年。

四、职业面向

酒店管理与数字化运营专业职业面向如表 2-8 所示。

表 2-8　酒店管理与数字化运营专业职业面向

所属专业大类	所属专业类	对应行业	主要职业类别	主要岗位类别（技术领域）举例	职业资格（职业技能等级）证书举例
旅游大类（54）	旅游类（5401）	酒店管理与服务	酒店管理与服务	酒店前厅、餐饮、客房管理与服务岗位	"1+X" 证书 "酒店运营管理" 职业技能等级证书（中级） 助理旅游酒店管理师

五、培养目标与培养规格

（一）培养目标

坚持立德树人，为党育人，为国育才，以习近平新时代中国特色社会主义思想为指引，培养德智体美劳全面发展，具有一定的科学文化水平、良好的职业精神和工匠精神，掌握餐饮、前厅、客房、销售、会务（会展）、人力资源、茶艺、酒吧、酒店经营与管理等专业技术技能，具备认知能力、合作能力、创新能力、职业能力等支撑终身发展、适应时代要求的关键能力，具有较强的就业创业能力，面向酒店、餐饮、会展领域，能够胜任酒店管理和酒店运营等工作任务的高素质技术技能人才。

（二）培养规格

1. 酒店管理与数字化运营专业素质要求

具有正确的世界观、人生观、价值观。坚决拥护中国共产党领导，树立中国特色社会主义共同理想，践行社会主义核心价值观，具有深厚的爱国情感、国家认同感、中华民族自豪感，崇尚宪法、遵守法律、遵规守纪，具有社会责任感和参与意识。

具有良好的职业道德和职业素养。崇德向善、诚实守信、爱岗敬业，具有精益求精的工匠精神；尊重劳动、热爱劳动，具有较强的实践能力；具有质量意识、绿色环保意识、安全意识、服务意识、信息素养、创新精神；具有较强的集体意识和团队合作精神，能够进行有效的人际沟通和协作，与社会、自然和谐共处；具有职业生涯规划意识。

具有良好的身心素质和人文素养。具有健康的体魄和心理、健全的人格，能够掌握基本运动知识和一两项运动技能；具有感受美、表现美、鉴赏美、创造美的能力，具有一定的审美和人文素养，能够具备一两项艺术特长或爱好；掌握一定的学习方法，具有良好的生活习惯、行为习惯和自我管理能力。

2. 酒店管理与数字化运营专业知识要求

（1）掌握基本的思想政治理论知识、法律法规知识；

（2）熟悉计算机及网络应用基本知识；

（3）掌握一定的体育和军事基本知识；

（4）掌握管理理论基础、酒店经营管理的基本理论与方法；

（5）熟悉我国有关酒店业的政策和法规；

（6）掌握酒店餐饮部、前厅部、客房部等一线部门的对客服务及营运管理知识；

（7）掌握人力资源管理、财务管理、营销策划等酒店企业经营管理方面的知识；

（8）了解酒店食品营养与卫生、会展服务与管理、茶艺、调酒等专业拓展知识。

3. 酒店管理与数字化运营专业能力要求

（1）专业能力。

① 具有现代高星级酒店企业前台接待与服务管理能力；

② 具有现代高星级酒店企业餐饮服务与管理能力；

③ 具有现代高星级酒店企业客房服务与管理能力；

④ 具有现代高星级酒店企业会议服务与管理能力；

⑤ 具有较强的酒店企业公关营销技能；

⑥ 具有较强的人力资源实际操作和管理能力。

（2）方法能力。

① 能借助参考资料、网络、手册等途径进行信息获取、加工与处理；

② 能及时发现并正确处理工作和生活中出现的各种问题；

③ 能按科学方法不断获取新知识、新技术；

④ 能制定工作相关计划和方案，并能用科学方法组织和实施；

⑤ 具有一定的英语听、说、读、写能力。

（3）社会能力。

① 能自我定位，敬业爱岗，踏实工作；

② 能正确处理各种人际关系，并能进行良好沟通和交流；

③ 能规划整理工作和生活环境，有良好的节能和环保意识；

④ 能配合团队工作，和团队成员进行良好协作。

六、课程设置及要求

（一）公共基础课程（略）

（二）专业群平台课程（略）

（三）专业核心课程

专业核心课程设置情况如表 2-9 所示。

七、教学进程总体安排

（一）课程设置与教学安排

课程设置与教学安排如表 2-10 所示。

表2-9　专业核心课程设置

序号	课程名称	课程目标	主要教学内容	主要教学要求	课程思政育人
1	酒店服务礼仪	本课程是一门融知识性、实践性和实用性为一体的应用型课程。该课程以岗位能力和职业素养为核心，依托基于酒店各部门的工作过程的项目教学模块，重在培养酒店管理专业学生的服务意识和职业素养，塑造职业形象，养成职业行为和职业礼仪习惯，使学生掌握全方位的酒店服务礼仪知识，进入工作岗位后能合乎礼仪、灵活大方、自信得体，灵活巧用礼仪为客人提供服务，从而展现出良好的职业风采，驾驭工作岗位和工作任务。通过本课程教学，力求提高大学生情商，提高大学生人际交往、为人处事、待人接物的能力，打造良好人设。	①初识礼仪树意识——认知礼仪和介绍课程：说文解字·"礼"和"仪"，诠释礼仪人体雕塑·"仪"，诠释礼仪内涵； ②形象礼仪悦人心——塑造酒店职业形象、职业仪容仪表修饰与规范、《魅力职业"妆"打造四部曲》，(男士篇)形象礼仪之职业服饰穿着规范，(女士篇)形象礼仪之职业服饰穿着规范； ③仪态礼仪敬人心——雕刻仪态得体仪态：真诚温暖的微笑、端庄优雅的站姿、得体规范的手势、大方优雅的坐姿和鞠躬； ④(通用)接待礼仪展素养——规范服务行为举止：与客见面礼仪礼节。	①能够根据酒店岗位礼仪要求进行角色定位，学会用"五美五礼"进阶学习法和应用礼仪； ②能够根据工作岗位要求进行仪容、发型修饰和化妆，塑造良好形象，能够根据职业要求穿着着装规范和搭配得体的饰品； ③能够根据不同场合和对象灵活巧用微笑和仪态礼仪，真诚热情，大方得体地为客人提供优质的服务； ④能够根据不同的场合和对象，能够综合应用不同的接待情景礼仪为客人提供专业服务； ⑤能够根据不同的服务场景和对象通过不同的沟通方式和服务语言规范且灵活地为客人提供优质服务；	①引导学生塑造正确的世界观、人生观、价值观，践行社会主义核心价值观，将社会主义核心价值观内化为精神追求，外化为自觉行动； ②培育良好的职业道德意识：爱岗敬业，增强企业责任感，自觉实践各行业的职业精神和职业规范； ③引导学生热爱、学习、弘扬和传承中华礼仪文化，培育中国文化自信和爱国情怀； ④从儒家思想核心"仁义礼智信"中深刻理解中华优秀传统文化，首要有仁爱之心，培养文化自信，传承中华文脉，富有中国心，饱含中国情，充满中国味； ⑤探寻中国汉字、礼仪等文化之根，培养学生知其所以然的学习探索精神，不要仅停留在礼仪学习的形上面，还要学习礼仪形式下蕴含的内涵和寓意； ⑥培养学生职业形象和职业规范意识，塑造良好学形象，提高社交能力，打造良性社交人脉圈，提升审美素养，审美高雅，会从不同角度欣赏美，陶冶情操； ⑦引导学生面对生活、社交和工作时始终保持积极、阳光、健康的心理，充满正能量，锻炼抗压能力，面对困境时，学会微笑和积极面对，面对压力时学会心理调适，塑造美好的形象，成为美丽中国的一分子。

续表

序号	课程名称	课程目标	主要教学内容	主要教学要求	课程思政育人
		的人脉圈，使之能更好地适应社会环境，为将来的职业生涯打下良好的基础	常用接待情境礼仪；⑤语言礼仪暖人心——修炼服务语言艺术：语言表达之美——字字珠玑，语言礼仪之服务语言规范——穆穆皇皇，通讯礼仪——高效便捷；⑥餐饮礼仪显魅力——塑造礼宾接待情境：中餐用餐礼仪、西餐用餐礼仪（分享篇和实践篇）；⑦（岗位）服务礼仪树品牌——创优质服务质量：岗位服务礼仪之前厅服务礼仪、岗位服务礼仪之客房服务、岗位服务礼仪之餐饮服务礼仪	⑥在中西餐接待场合中能够热情好客，彬彬有礼地接待宾客，且在用餐过程中能够做到端庄大方、优雅得体地用餐；⑦规范和灵活巧用前厅、客房、餐饮服务礼仪完成各岗位的服务接待工作，并且为客人提供优质服务	⑧引导学生了解相关专业和行业领域的国家战略，关注国家时事动态、国家政策方向等，培养政治认同感和国家情怀；⑨学会自主理解、思考和判断，学会从科学的角度去思考、分析和判断问题，提高解决问题的能力，不要盲目全盘接受外界和网络的信息和知识；⑩培养学生的创新意识，创造自己的成果，总结和提炼所学和收获，提高创新能力；⑪培养学生通过仪态语言表达自己，提高沟通和表达能力，语言的思辩能力、说话的表达能力和在语言交流中的应变能力，追求语言表达行为艺术，增强自信，为自己增值；⑫培养学生持之以恒的优秀品质，培养学生的良好职业道德、行为礼仪习惯和服务意识；⑬培养学生自主学习习惯，知行统一，善于了解问题的实践能力，要注重重创新精神，探索的创新精神，增强学生勇于实践的创新精神，培养学生团队合作意识，增强学生的合作意识；⑭培养学生的尊重意识、同理心、仁爱之心，尊重他人、尊重场合合理分寸，知行合一，具有大局观；⑮培养学生具备爱岗敬业、认真负责的工作态度，热情大方、耐心细致、文明礼貌的服务意识和职业素养；⑯教育引导学生准确理解并自觉践行各行业的职业精神和职业规范，恪守"工匠精神"，百炼不怠

续表

序号	课程名称	课程目标	主要教学内容	主要教学要求	课程思政育人
2	餐饮服务与管理	本课程主要为酒店管理专业培养高技能高素质管理型人才的培养目标服务。课程旨在让学生掌握餐饮知识、餐饮服务礼仪、餐饮服务知识和餐饮服务技能，以及相关的餐饮服务管理知识，灵活为客人提供优质的服务，塑造学生的职业形象和专业气质，培养学生良好的职业素养，培养学生好的服务意识，规范化和标准化流程化，规范化和标准化意识	①认知餐饮业与餐饮产品：认知餐饮业及餐厅，认知餐饮从业人员的能力要求和餐饮企业产品，认知餐饮企业组织结构； ②餐饮服务基础技能与服务应用：托盘服务技能与服务应用，台布、台裙、餐巾花折叠技能与应用，酒水斟倒技能； ③中西餐摆台操作程序与标准：中餐宴会、零点摆台流程标准解读，中餐宴会摆台标准流程与标准实训，西餐宴会、零点摆台流程标准解读，西餐宴会摆台流程与标准实训； ④中餐服务：中餐菜品和中餐服务方式、中餐服务岗位及服务流程解读与流	①能分类餐饮企业及划分其表现形式； ②能培训员工掌握基础技能、服务形象、礼仪规范、服务意识和职业道德； ③能区分出其生产、服务、销售的特点； ④能根据企业的规模和运营特点画出组织结构图； ⑤能运用托盘服务技巧灵活地为客人提供服务； ⑥能运用台布铺设满足客人的要求及其需求； ⑦能应用餐巾折花满足客人的摆台要求及其需求； ⑧能运用斟酒服务技巧灵活为客人提供酒水服务； ⑨能根据客人的要求和需求进行中餐定制化摆台； ⑩能根据客人的要求灵活为其进行中餐服务	①培养学生的服务意识、职业形象和职业道德意识； ②引导学生传承和传播中国餐饮文化； ③培养学生程序化、标准化、规范化意识； ④培养学生灵活变能力和组织协作能力； ⑤培养学生创新意识并提高学生的创新能力； ⑥培养学生自主学习、合作学习意识，提高其学习能力； ⑦培养学生信息化技术应用素养； ⑧培养学生的工匠精神； ⑨培养学生的人际交往、沟通能力； ⑩培养学生高尚的审美情趣和文化品位

续表

序号	课程名称	课程目标	主要教学内容	主要教学要求	课程思政育人
			理，中餐服务接待流程和标准实训；⑤西餐服务：西餐菜品与酒水搭配，西餐典型的服务方式，餐饮服务接待流程和标准实训；⑥主题宴会设计与服务，主题宴会和主题拟定，主题宴会设计与服务；⑦餐饮服务质量管理：餐饮服务质量的构成，餐饮服务质量管理，餐饮服务现场质量控制	①能根据客人的要求灵活为其进行西餐服务；②能根据客人的预定需求行主题宴会设计和定制；③能根据客人的预定需求行主题宴会服务与管理；④能根据对客服务服务现场进行检查和分析，并撰写服务质量分析报告；⑤能够根据对客服务现场进行服务质量监督和管理	
3	酒店人力资源管理	通过对课程的学习，使学生全面了解人力资源管理的理论和实践，能科学做好工作分析，科学编制各岗位的工作说明书，科学预测酒店人力资源需求，有效使用现代酒店用人招聘技术，掌握现代酒店用人的方法	课程内容选取酒店人力资源部的十个工作内容，以国家现代酒店学徒制合作单位河源天下人力资源部为依托组织教学，使学生参与天下人力资源部的各项工作，通过对客天下人力资源部的规划，搭建组	实训项目以河源客天下人力资源部为主线，形成实训成果材料供客天下参考，实习成果要形成四个工具包：规章制度包（员工手册等），招聘工具包，培训工具包和绩效考核工具包；六个方案分别为人力资源规划方案、绩效	①在内容育人方面，结合诚信为本、操守为重，坚持准则、实事求是原则，引导学生树立正确的世界观、人生观、价值观，将个人职业理想与社会担当有机结合，心口值观；②在方法育人方面，讲授法、头脑风暴等，将典型工作任务、实务经典案例融入课堂教学，帮助学生正确处理人力资源事务；

续表

序号	课程名称	课程目标	主要教学内容	主要教学要求	课程思政育人
		和原则，进行酒店人力资源的开发及培训，开展员工的绩效考核，采用科学的方法激励员工和指导员工做好职业生涯规划，做好员工档案和劳动关系的管理，打造高效团队，完善酒店文化建设	织机构图实施招聘、培训、绩效考核，薪酬设计和管理，员工职业生涯规划和激励，劳动关系保障，团队建设、酒店文化传承与发展等环节的学习和实操，掌握酒店选人、育人、用人、护人和留人的技巧	考核方案、薪酬福利方案、员工激励方案、员工活动方案、酒店文化建设方案；三个档案分别为建立人力资源档案（文件、招聘、培训、考核，员工档案五个板块），团队组建和运营过程材料档案和酒店运营岗位说明书集	③在实践育人方面，通过模拟课程实训、虚拟仿真实训等实践教学环节，帮助学生认知课程岗位工作任务、熟悉酒店职业环境，建立酒店职业认同，培养学生诚信、严谨、公正的职业精神
4	酒店经营与管理	通过学习，学生能全面了解酒店的经营和管理理念、前厅部、客房部、餐饮部、人力资源部、财务部、工程部、质监部等版块要抓哪几项重点工作，以及每一项工作的具体开展	"酒店经营与管理"课程分为酒店筹建与开业、酒店部门运营与管理以及酒店业发展趋势三篇章，上篇酒店筹建与开业包括酒店概述、国际著名酒店管理集团简介、中篇认识酒店部门管理，包括认识酒店总经理、酒店人力资源总监、前厅运营与管理、客房运营与管理、餐饮运营	实训项目以河源客天下水晶温泉度假村国际酒店为主线，形成实训成果材料供客天下参考，实训成果有：①使酒店XX部门满足客户的需求（60种以上）；②能识别酒店的产品与服务；③能熟悉XX部门的收入与支出；④能把控XX部门的服务质量管理（15条以上具体措施）；⑤能把控XX部门的卫生管理（15条以上具体措施）；	通过课程模拟经营与管理，培养学生发展的眼光，创新的思维，标准化管理思维及扁平化管理思维；合作意识、风险意识、法律意识、竞争意识、特色创新意识、品牌意识、战略意识、全局意识、规范经营意识、统筹意识、超前意识、作为管理者的职业道德、战略资源优势意识、先进的管理理念、质量安全管理意识、经济效益意识、特色效益意识、计划预算先行思维、全员管理意识、全员营销意识、全员创新意识、优质服务意识、VIP服务意识、成本意识、贴心服务意识、金钥匙服务意识、低碳环保意识、成本管家服务意识、安全意识、设备维护保养意识、预防控制意识、设备维护保养意识、预防为主的防范意识；第一时间处理事故意识；服务至

续表

序号	课程名称	课程目标	主要教学内容	主要教学要求	课程思政育人
			与管理，酒店工程管理，酒店安全管理，酒店宾客关系管理，酒店市场营销；下篇酒店业内容管理，包括酒店收益管理，酒店设计与装修的发展趋势，酒店业经营管理的发展趋势，酒店经营管理新理念	⑥能把控XX部门的成本管理（15条以上具体措施）；⑦能策划酒店XX节的活动策划方案；⑧能撰写XX部门的经营管理计划书	上思维、游客满意思维、忠诚宾客思维、和谐网思客关系意识、第一时间处理投诉思维；互联网思维、新媒体营销思维、国际化营销思维；收益管理思维、洞察市场思维、竞争思维、文化艺术修养、智能化信息维、低碳环保意识，大数据思维等；以及对酒店行业的情技术运用，行业自信，行业向往
5	酒店数字化营销	通过对"酒店数字化营销"的学习，使学生正确理解酒店市场营销的基本概念及其内在联系，正确理解并掌握营销环境理论、营销分析——消费者分析和市场分析、营销组合、营销战略、营销管理理论，使学生能够具备分析酒店营销环境的能力，及时跟踪顾客行为，有的放矢地制定营销策略，同时培养学生进行酒店营销调研、市场细分、	培养学生酒店市场营销的相关知识和技能，扩展学生的知识结构，扩展学生的就业能力，加强学生能力动手操作能力	①能根据市场大环境分析酒店市场的状况、酒店行业市场的情况；②能够熟练选择酒店目标市场；③能熟练制定酒店产品的营销策略；④能够根据不同的市场情况制定酒店产品的定价策略；⑤能熟练规划酒店市场营销的营销渠道；⑥能熟练运用酒店市场促销策略；⑦能根据酒店市场营销的大环境进行营销模式的创新；⑧能熟练撰写酒店营销策划书	酒店数字化营销是根据酒店企业的营销目标，通过策划人员的设计和规划来满足消费者的需要而到达酒店企业营销目标的。由于酒店市场营销环境中存在伦理失范现象，诸如侵犯隐私、传播谣言、虚假广告、"拜金主义""利用至上"以及片面追求短期利益忽视长期利益导致所谓的酒店企业利益最大化，从而损害了社会利益等。针对这些问题，在日常的教学中，应充分发掘专业内容中的思政元素，通过讨论酒店数字化营销原则，原理和营销伦理教育培养学生的道德品质、敬业精神、进取精神、创新精神、团队意识和大局观，即从学生（未来的潜在策划人）入手，将专业课程思政理论相结合引导学生自己树立正确的营销策划价值观，培养学生成为高素质正确的营

续表

序号	课程名称	课程目标	主要教学内容	主要教学要求	课程思政育人
					销策划人员，从源头上扭转和改变营销环境中存在的伦理失范现象
6	前厅服务与数字化运营	市场定位的能力。本课程是酒店管理专业岗位实习、实践的准备课程。前厅是酒店三大运营部门之一。通过前导课程的学习，使学生初步了解和掌握酒店前厅部门的服务技巧和服务意识，学会前厅各岗位的服务流程与标准、前厅信息操作系统、前厅突发事件处理、对客沟通交流技巧等。在本门课程中使前导课程中的相关知识得到充分的运用，使学生所学的知识得到进一步巩固和训练，在前后续课程的学习中，前厅服务知识得到升华，可以通过酒店英语如何更好地为外国客生知道如何更好地为外国	本课程立足于现代酒店经营与管理需求，按照酒店组织结构的设置，安排该门课程的教学内容，主要包括： ① 预订：运用各种预定方式为客人提供预定、预定的取消和变更服务、超额预定的处理； ② 行李服务：机场代表迎送服务、门童迎送服务、散客及团队行李服务； ③ 入住登记：团队客人的入住手续的办理、散客人的入住手续的办理、VIP客人入住手续的办理、换房和续房服务； ④ 总机服务：总机电话服	① 能够了解前厅的地位和作用，八大职能部门和分工，掌握客房价格制定方法原则以及前厅部经理的工作职责； ② 能够熟练操作预定系统，掌握预订的规范程序； ③ 能够熟悉礼宾部的分工，掌握迎宾、行李服务流程和标准以及对客服务规范； ④ 能够熟练办理入住登记的手续、掌握对客服务技巧； ⑤ 能够掌握总机、商务中心和问讯服务的内容和规范； ⑥ 能够掌握结账退房服务流程以及收银交班、夜审等流程； ⑦ 能够掌握大堂副经理的工作内容、处理投诉技巧和原则	① 根据课程内容，结合实际情况培养理想信念坚定、爱岗敬业、全面发展、善于思考、具有良好的职业道德和一定的科学文化水平、"金钥匙"服务精神，以及较强的创业能力的专业人才； ② 酒店前厅工作劳动强度大、工作难度大，专业性质强，容易造成行业人才流失，根据工作特点同时培养学生的认同感和敬业精神、吃苦耐劳精神、抗压能力、抗挫能力、心理调节能力； ③ 酒店业务广泛，接触人多，涉及不同国家、地区、民族、宗教的顾客，需要培养学生具有强烈的国家荣誉感和民族自豪感才能更好地进行服务

续表

序号	课程名称	课程目标	主要教学内容	主要教学要求	课程思政育人
		客人服务，满足高星级酒店客人的需求，通过专业实习和毕业实践完美结合，让学生可以成为优秀的前厅员工	务、商务中心辅助服务；⑤结账退房：结账服务、外币兑换业务、贵重物品保存、突发情况处理；⑥服务质量监控：能对接待工作进行监控、提升服务质量，能对员工表现进行合理的考核；⑦前厅工作经营分析：能有序地进行各史档案的存档整理、前厅经营统计分析报告的制作	及对突发情况的处理方法；⑧能够掌握前厅服务信息的采集渠道和管理方法；⑨能掌握客史档案管理的方法和前厅经营统计分析的方法	
7	客房服务与数字化运营	通过对客房运营基础知识和核心技能的学习，使学生能胜任酒店客房基层管理工作，并培养学生爱岗敬业、团结协作，吃苦耐劳的品德和良好的职业道德，以及适应行业发展规律与职业变化的能力	认识客房产品、客房部组织架构及岗位职责、合理配备清洁设备和清洁剂、客房清洁整体流程及不同房型的清洁、酒店公共区域清洁、客房部对客服务、项目、客房部卫生管理、客房部设施设备和用品管理、客房部安全管理	①能够辨认各类客房房型；②能够向客人灵活地推荐客房产品；③能够画出客房部组织构图；④能够配备一套完整的客房清洁设备；⑤能够按照客房清洁流程规范地打扫不同类型的客房；	①在内容育人方面，引导学生的职业兴趣，树立客房部职业发展的信心，将个人职业理想与社会担当有机结合使之具备管理创新、与时俱进，工作革新的意识；②在方法育人方面，通过案例讨论、情境模拟学，将典型工作任务和实务经典案例融入课堂教学，诚信服务的职业道德，转变态度养成良好的劳动精神，形成良好的服务意识和创新意识；

续表

序号	课程名称	课程目标	主要教学内容	主要教学要求	课程思政育人
				⑥能够正确执行计划卫生； ⑦能够完成客房服务中心的主要工作； ⑧能够提供管家服务、擦鞋服务、物品租借服务、遗留物品服务、送餐服务、托婴服务、开夜床服务、小酒吧服务等； ⑨能够根据酒店的具体情况提出客房卫生质量提升的建议； ⑩能够根据酒店的具体情况提出客房服务质量提升的建议； ⑪能够完成客房仓库物品的入库、出库登记、保管、盘点、报废等； ⑫能够处理预防及正确处理火灾、生病、客人传染病、摔跤、死亡等意外事故	③在实践育人方面，通过小组合作和课后自主练习中式铺床，培养学生沟通协作、互帮互助的团队精神，吃苦耐劳、精益求精的工匠精神，以及勇于探究实践的科学精神

表 2-10　课程设置与教学安排

课程性质	课程类别	课程名称	课程编码	总学时	学分	课程类型/考核方式	1 (16)	2 (18)	3 (18)	4 (18)	5 (18)	6 (16)
校级平台课程	公共基础必修	思想道德与法治	GB011202	54	3	B/&	2*12	2*15				
		毛泽东思想和中国特色社会主义理论体系概论	GB021202	32	2	B/*	2*13+6					
		习近平新时代中国特色社会主义思想概论	GB31202	48	3	A/*		4*12				
		形势与政策	GB011103	48	1	A/#	2*4	2*4	2*4	2*4	2*4	2*4
		大学生心理健康教育	GB011103	32	2	A/#	2*8	2*8				
		军事理论	GB011105	32	2	A/&	10+22					
		高职英语1	RW011204	48	2.5	B/*	4*12					
		高职英语2	RW011205	56	3	B/*		4*14				
		信息技术	DX081201	48	2.5	B/*	4*12					
		体育与健康	GB0909XX	108	6	C/*	2*12	2*16	2*9	2*17		
		国家安全教育	GB1111XX	24	1	C/*				24		
		大学生就业指导	GB1010XX	32	2	B/#	2*4			2*8	2*4	
		大学语文	RW021233	32	2	B/&	3*11-1					
		马克思主义中国化进程与青年学生使命担当	GB081201	24	1	A/&	2*12					
		创新创业教育	GB061201	32	2	B/&			2*16			
		大学美育	YS121201	32	2	B/&		2*16				
		劳动教育	GS101301	32	2	B/&	8	24				8
		应修小计		714	39		304	246	58	82	16	8

课程性质	课程类别	课程名称	课程编码	总学时	学分	课程类型/考核方式	各学期周学时分配					
							1	2	3	4	5	6
							16	18	18	18	18	16
校级平台课程	限定选修（四选一）	党史	GB2222XX	16	1	A/#	16					
		新中国史		16	1	A/#				16		
		改革开放史		16	1	A/#				16		
		社会主义发展史		16	1	A/#				16		
		应修小计		16	1					16		
	公共选修	（选课两门以上）		48	3	A/#		16	16	16	16	
		应修小计		48	3			16	16	16	16	
	单元小计			778	43		304	262	74	98	32	8
专业群平台课程	专业群平台课程必修	茶艺服务基础	GS091306	36	2	C/#		2*18				
		职业素养	GS031107	18	1	C/#	2*9					
		管理学基础B	GS061112	32	2	A/*			2*16			
		应修小计		86	5		18	36	32			
	专业群公共课程选修	（选课两门以上）					具体课程见旅游类专业群公共选修课程目录					
		课程1		16	1	A/#		16				
		课程2		16	1	A/#			16			
		课程3		16	1	A/#				16		
		课程4		16	1	A/#					16	
		应修小计		64	4			16	16	16	16	

续表

课程性质	课程类别	课程名称	课程编码	总学时	学分	课程类型/考核方式	各学期周学时分配					
							1	2	3	4	5	6
							16	18	18	18	18	16
专业课程	专业必修	酒店服务礼仪	GS091302	48	3	C/#	4*12					
		餐饮服务与数字化运营	GS091204	54	3	B/#		3*18				
		前厅服务与数字化运营	GS091207	40	2	B/&		3*13+1				
		客房服务与数字化运营	GS091208	48	3	B/&			3*16			
		酒店英语口语（1）	GS091309	56	3	C/#			4*14			
		酒店人力资源管理	GS091210	48	3	B/&			3*16			
		中国旅游文化	GS091206	32	2	A/*			2*16			
		酒店文职实务	GS091311	36	2	B/&			2*18			
		宴会与会议组织	GS091317	36	2	B/#				2*18		
		酒店数字化营销	GS091215	54	3	A/*				3*18		
		酒品鉴赏和调酒	GS091314	36	2	C/&				2*18		
		酒店服务心理学	GS091216	36	2	A/*				2*18		
		酒店英语口语（2）	GS091319	48	3	C/#				4*12		
		烘焙制作工艺	GS091211	36	2	B/#				2*18		
		酒店电子商务	GS091312	32	2	C/#				2*16		
		企业经营实战	GS091321	36	2	B/#					4*9	
		酒店财务基础	GS091320	36	2	C/&					4*9	

续表

课程性质	课程类别	课程名称	课程编码	总学时	学分	课程类型①/考核方式	各学期周学时分配					
							1 (16)	2 (18)	3 (18)	4 (18)	5 (18)	6 (16)
专业课程	职业技能等级证书方向选修	酒店经营与管理	GS091218	54	3	B/#				3*18		
		单元小计		766	44		48	94	220	332	72	0
综合实践课程	必修	入学教育与军训	GZ010005	56	2	C	2w					
		认识实习	GS091303	28	1	C/&	1w					
		酒店综合实训	GS091304	48	2	C/&					6*8	
		专业实习	GS091324	224	10	C/&					10w	
		岗位实习	GS091305	448	16	C						16w
		毕业设计	GS091306	112	4	C						4w
		单元小计		916	35		84				272	560
		创新学分			1	C						
		美育实践			1	C						
		合计		2610	133		454	408	342	446	392	568

注：各专业在此基础上，结合专业实际情况，将课程体系设计完整。①课程类型：A表示纯理论课程，B表示理论实一体课程，C表示纯实践课程；②考核方式：*号为笔试，#号为实务，&号为其他。

（二）周数分配

周数分配情况如表 2-11 所示。

表 2-11　周数分配

学期	周数分配							小计
	准备周	入学教育与军训	课堂教学	整周实训	岗位实习（含毕业设计）	考试	机动	
1	2	2	11	1		1	1	18
2			18			1	1	20
3			18			1	1	20
4			18			1	1	20
5			8		10	1	1	20
6					20			20
合计	2	2	73	1	30	5	5	118

注：机动和考试周一般安排在每学期的最后两周。

（三）学时学分结构

学时学分结构情况如表 2-12 所示。

表 2-12　学时学分结构

课程类别		学时统计				学分统计	
		占比（%）	课程学时	其中		占比（%）	学分
				理论学时	实践学时		
公共基础课	必修课	27.4	714	355	359	29.3	39
	选修课	2.4	64	64	0	3	4
专业课	必修课	65.7	1714	383	1331	62.4	83
	选修课	4.5	118	70	48	5.3	7
合计		100	2610	872	1738	100	133
公共基础课占比（%）	29.8	实践占比（%）		66.5		选修占比（%）	8.1
必修课学时	2428	选修课学时		182			

八、毕业要求

学生需在规定的学习年限内完成专业人才培养方案所规定的学分，达到专业人才培养目标和规格要求，并符合《国家学生体质健康测试标准》的相关要求，方可毕业并获得毕业证书。

学生须达到以下要求方可获得毕业证书：

（1）最低毕业学分为133学分或以上（其中含公共选修课8学分，课外2学分）；

（2）应修满8学分及以上的公共选修课程；

（3）应修满2学分的课外活动；

（4）应取得1本以上专业技术资格证书或职业技能等级证书。

第三节　酒店管理与数字化运营专业（现代学徒制）人才培养方案

一、专业名称及代码

专业名称：酒店管理与数字化运营。

专业代码：540106。

二、招生对象、招生与招工方式

招生对象为高级中学毕业或同等学力及以上学历。招生与招工同步进行，由学校与企业共同签订合作协议后制订招生方案。学生报名参加现代学徒制高考招生考试并通过后，须与企业签订劳动合同方可录取注册，实现学生与员工双重身份。

三、基本学制与学历

学制为三年。学生修满学分并符合毕业条件后，可获得高职院校普通专科毕业证书。

四、培养目标

本专业旨在培养与我国社会主义现代化建设要求相适应，德、智、体、美、劳全面发展，面向酒店管理、温泉景区服务与管理等行业，既能从事酒店、餐饮、会展、园区、特色小镇等部门工作，又能胜任河源客天下前厅服务、客房服务、餐厅服务和温泉实务 4 个学徒岗位工作，具备学徒岗位职业能力，以及自主学习能力，在服务、管理第一线的发展型、复合型和创新型的技术技能人才。

五、培养方式

酒店管理与数字化运营专业现代学徒制人才培养方案是在行业专家和教育理论专家的指导下，校企联动调研讨论，首先确定河源客天下人才培养的四个学徒岗位，通过进一步对 4 个学徒岗位工作过程的分析总结出岗位技能及标准、职业素养要求和客天下的企业文化特色要求，从而构建人才培养课程体系。设置培养学生社会主义核心价值观的公共平台课程，培养学生酒店管理综合能力的专业技术技能课程，培养学生学徒岗位能力和企业文化特色的学徒岗位能力课程和培养学生职业素养的专业拓展课程，四类课程相辅相成，有效互补。其中校企共建课程 22 门，企业研发课程 8 门，"前厅服务与管理""客房服务与管理"等课程为校企双方共同授课课程，教学实施场地为学校和企业两个场所，"客家文化概论"等 7 门课程为企业特色课程。由企业导师以师傅带徒弟方式在企业完成授课任务，学徒制培养周期为 3 年，3 年人才培养方式层层递进，循序渐进，满足学徒制全方位人才培养的需求。

六、职业范围

（一）职业生涯发展路径

职业生涯发展路径情况如表 2-13 所示。

表 2-13 职业生涯发展路径

发展阶段	学徒岗位	就业岗位		学历层次	发展年限（参考时间）	
		技术岗位	管理岗位		中职	高职
IV	部门经理	专业经理	部门经理	高职	5~8 年	4 年
III	部门主管	专业主管（五星级）	部门专业经理	高职	4~5 年	2~3 年
II	部门领班	星级员工（三~四星级）	领班—见习主管	高职	2 年	1 年
I	一线服务员	职业人	职业人	高职	1 年	0.5 年

注：①"发展阶段"应依据国家、行业企业的有关规定以及调查分析确定，将职业发展分为若干个阶段，阶段数量因各专业的具体情况而不同；②"就业岗位"的分类仅供参考，各专业可以自行分类；③"学历层次"仅为明确高职对应的层次。

（二）面向职业范围

面向职业范围情况如表 2-14 所示。

表 2-14 面向职业范围

序号	对应职业（岗位群）	学徒目标方向	职业资格证书举例
1	前厅服务与管理岗位群（前台接待、预定、收银员、礼宾员、总机）	前厅中高层管理人员	旅游酒店管理师研学旅行策划与管理证书
2	客房服务与管理岗位群（客房清洁员、客房中心服务员、布草管理）	客房中高层管理人员	旅游酒店管理师酒店客户服务管理师
3	餐饮服务与管理岗位群（餐饮服务员、配餐员、宴会服务员、宴会策划）	餐饮中高层管理人员	旅游酒店管理师酒店客户服务管理师会展师
4	温泉运营管理岗位（销售员、前台接待、景区服务）	温泉运营中高层管理人员	旅游酒店管理师酒店客户服务管理师研学旅行策划与管理证书

七、人才规格

（一）职业素养

职业素养培养要求如表 2-15 所示。

表 2-15 职业素养培养要求

职业素养	合作企业要求（合作企业个性化要求）
遵纪守法、爱国诚信、崇德向善； 具有良好的职业道德； 身心健康，有良好的卫生习惯和行为习惯； 具有一定的审美和人文素养； 具有自我管理和自我发展的能力； 具有良好的沟通与交往能力； 具有逻辑思维能力和判断能力； 具有计算机应用能力与数字运用能力； 具有一门以上外语应用与服务能力	具有社会责任感和社会参与意识，客天下鼓励员工积极参与企业组织的对外社会实践活动； 爱岗敬业、正直乐观，拥有较强的服务意识、团队协作、敢于担当、勇于创新等职业信念和精益求精的工匠精神； 积极参与客天下企业组织的运动活动，培养良好个人工作生活习惯、精神面貌、作息习惯等，遵守住宿管理规定； 能够有 1~2 项技能特长或爱好，积极参与客天下企业组织的关于专业技能、征文、演讲、文化活动等赛事

（二）专业能力

专业能力培养要求如表 2-16 所示。

表 2-16 专业能力培养要求

专业能力	合作企业要求（合作企业个性化要求）
前厅接待服务、处理宾客关系能力； 餐饮服务能力； 客房高质服务能力； 宴会服务与策划、组织能力； 饭店产品营销策划能力； 温泉景区服务与管理能力	前厅服务与管理能力； 客房服务与管理能力； 餐饮服务与管理能力； 温泉运营与服务能力

八、典型工作任务及职业能力分析

根据本专业酒店管理目标岗位，运用调研、总结、研讨等方法，开展行业企业专家研讨，获得 20 个典型工作任务，典型工作任务如表 2-17、表 2-18、表 2-19、表 2-20 所示。

表 2-17　典型工作任务（前厅服务与管理）

序号	典型工作任务	工作项目及职业能力要求
1	客房预定	工作项目：客房产品预定。 职业能力要求： 能善于使用语言技巧与客人交流； 能根据 PMS 系统未来房态帮助客人做出预定选择； 能为 VIP、会员、协议客户、普通散客、团队客人提供准确的客房预定服务； 能妥善处理婉拒的订房要求； 能为客人提供及时准确的预定变更服务； 能选择适合本酒店规定的预订资料储存方式； 能及时处理"等候名单"上的客人的订房； 能提前一周填写（或打印）"一周客情预报表""贵宾接待规格审批表""派车通知单""房价折扣申请表""鲜花、水果篮通知单"，并分送给相关部门
2	礼宾迎送服务	工作项目：迎送客人。 职业能力要求： 驻机场代表能准确接送接机送机客人； 门童能及时为步行和坐车客人提供开车门、开门、搬运行礼等迎送服务； 行李员能够及时为客人提供行礼拿取、搬运等迎送服务； 能为团队客人提供准确周到的行礼服务； 能完成客人的行礼寄存服务； 能热情周到地接待酒店 VIP 客人； 完成客人的其他委托代办工作
3	接待服务	工作项目：办理入住登记。 职业能力要求： 能根据房态和客人需求为客人分配房间； 能有效完成 VIP、会员、协议客户、团队客人、普通散客入住资料的登记服务； 能为客人提供换房服务； 能为客人提供续住服务； 能有效回答客人的咨询； 能处理客人办理入住手续过程中的突发情况

序号	典型工作任务	工作项目及职业能力要求
4	收银服务	工作项目：结账退房。 职业能力要求： 能根据客人的消费情况累计客人账单； 能有效地收回房卡，为 VIP、会员、协议客户、团队客人、普通散客结账退房； 能提供外币兑换业务； 能提供贵重物品寄存业务； 能做好夜间审计工作
5	宾客关系维护	工作项目：宾客关系处理。 职业能力要求： 能有效处理客人投诉； 能与宾客保持良好的关系

表 2-18　典型工作任务（客房服务与管理）

序号	典型工作任务	工作项目及职业能力要求
1	客房部卫生管理	工作项目：卫生管理。 职业能力要求： 能合理配备客房清洁工具及清洁剂； 能根据房态熟练有序地清扫 VIP 房、续住房、空房、请即打扫房等； 能进行公共区域的清洁与卫生管理； 能熟练地按标准查房； 能制定并实施卫生计划； 能发现服务员清洁客房存在的问题，并进行有效的整改、指导
2	客房部对客服务	工作项目：对客服务。 职业能力要求： 能及时、礼貌地接听来电，并根据顾客需求提供各项优质服务； 能用多种语言向顾客介绍客房； 能提供创意开夜床、洗衣服务、小冰箱、物品租借等服务； 能按程序处理好客人的投诉
3	管家服务	工作项目：管家服务。 职业能力要求： 能与客人取得联系，确认好宾客到店的行程； 能根据宾客级别做好迎接服务； 能为宾客规划在酒店的行程，并合理推荐服务项目； 能提供欢送服务，并做好满意度调查

续表

序号	典型工作任务	工作项目及职业能力要求
4	客房设备用品管理	工作项目：设备用品管理。 职业能力要求： 能正确使用客房设施设备，并做好日常维护保养工作； 能做好入库登记、保管、盘点、报废等工作； 能做好布草送洗、保管、盘点、报废等工作； 能按消耗定额配备客房用品的数量和种类，掌握库存情况
5	客房安全管理	工作项目：安全管理。 职业能力要求： 掌握火灾的预防及处理预案，熟知消防设备的位置及使用方法； 掌握盗窃的预防及处理预案； 熟悉自然灾害、传染病等突发性事件的处理流程及措施

表 2-19 典型工作任务（餐厅服务与管理）

序号	典型工作任务	工作项目及职业能力要求
1	餐厅组织运营与管理	工作项目：餐厅日常管理。 职业能力要求： 对餐厅每日的运营有足够的预判、现场服务、处 事应变、部门协调的能力； 能根据餐厅规模科学合理地设置组织机构； 能根据餐厅规模和岗位设置合理地安排岗位工作人员； 能根据餐厅服务质量要求进行员工技能和专业知识培训； 能完成餐厅日常运行和管理等工作
2	餐饮预定与咨询	工作项目：餐厅前台接待。 职业能力要求： 能根据客人需求做好咨询和餐饮预订服务； 能根据客人预订等实际情况合理安排餐厅人员班次
3	中、西餐服务	工作项目：中、西餐服务接待。 职业能力要求： 能够根据客人需求和近期客源情况进行场地、摆台和物料准备等工作； 能根据客人需求灵活为客人提供点菜服务，合理安排菜品； 能够为客人提供优质的餐饮值台服务； 能灵活处理客人用餐中的矛盾和投诉； 能够按照要求完成撤台、场地清洁的收尾工作
4	宴会设计与服务	工作项目：中、西式宴会接待服务。 职业能力要求： 能根据客人需求和要求完成宴会场地、摆台和宴会设计等准备工作；

序号	典型工作任务	工作项目及职业能力要求
		能根据客人点选菜品及特殊要求充分准备原材料； 能根据客人要求设计宴会主题； 能根据规范要求灵活完成宴会现场接待服务工作； 能灵活处理宴会中客人的矛盾和投诉； 能够按照要求完成撤台、场地清洁的收尾工作
5	服务质量管理	工作项目：餐饮接待服务质量监督和管理。 职业能力要求： 能够根据服务质量要素为客人提供优质服务； 能够根据服务质量检查内容制作检查表； 能够运用服务质量分析方法对服务进行分析； 能够进行服务质量现场监督与管理

表 2-20　典型工作任务（温泉景区服务与管理）

序号	典型工作任务	工作项目及职业能力要求
1	温泉男女宾服务	工作项目：男女宾接待流程。 职业能力要求： 能完成男女宾服务过程中的待客服务要求； 掌握男女宾进场服务、进场更衣、沐浴服务、退场更衣、梳妆室服务流程
2	温泉露天服务	工作项目：温泉露天服务流程。 职业能力要求： 能快速指引及提供服务； 掌握入池、出池服务，沐浴温泉服务、推销服务、意外事件处理及露天出口服务
3	水上乐园操作	工作项目：水上乐园设备安全操作。 职业能力要求： 能熟记水上乐园各项目的安全服务操作流程； 掌握各项目游客须知、游玩姿势及注意事项； 保持较强的安全意识
4	欢乐世界操作	工作项目：欢乐世界设备安全操作。 职业能力要求： 能够熟记欢乐世界各项目的安全服务操作流程； 掌握各项目游客须知、安全带服务及观察游客动态
5	急救	工作项目：急救处理。 职业能力要求： 掌握处理突发事件的急救流程操作； 掌握外伤的急救包扎、心肺复苏等

九、课程结构

本专业的课程体系构建以学徒工作岗位需求为基础，根据广东客天下实业有限公司的实际岗位需求开设相对应的课程，课程由浅入深，循序渐进，工学交替。坚持以学徒为中心、以能力为本位、以就业为导向的指导思想，构建适应本行业发展的、符合现代学徒制培养模式要求的课程体系。由学校、合作企业联合开发完成。课程结构如表 2-21 所示。

表 2-21　课程结构

课程模块		课程名称	课程性质
公共基础课程		思想道德修养与法律基础	必修课
		毛泽东思想和中国特色社会主义理论体系概论	必修课
		形势与政策	必修课
		大学生心理健康教育	必修课
		军事理论	必修课
		大学生就业指导	必修课
		大学语文	必修课
		高职英语 1	必修课
		高职英语 2	必修课
		计算机应用基础	必修课
		体育与健康	必修课
		创新创业教育	必修课
		大学美育	必修课
		马克思主义中国化进程与青年学生使命担当	必修课
		入学教育与军训	必修课
专业课程	专业技术技能课程	管理学基础 B	必修课
		酒店服务礼仪	必修课
		酒店职业素养训导	必修课
		餐饮服务与管理	必修课
		茶文化与茶艺	必修课
		前厅服务与管理	必修课
		客房服务与管理	必修课

续表

课程模块		课程名称	课程性质
		酒店英语口语（1）（2）	必修课
		酒店人力资源管理	必修课
		酒店文职实务	必修课
		酒店营销策划	必修课
		酒店电子商务	必修课
		酒店服务心理学	必修课
		会议服务与管理	必修课
学徒岗位能力课程		酒店经营与管理	必修课
		毕业设计或毕业论文	必修课
		素菜制作工艺	必修课
		客家文化概论	必修课
		酒店领班与主管实务	必修课
		温泉服务与管理实务	限选课
		客天下经营分析与决策	限选课
专业拓展课程		景点导游实务	限选课
		客家菜制作与工艺	任选课
		糖艺摆盘工艺	任选课
		演讲与口才	任选课
		酒吧服务与调酒	任选课
		校级选修课	任选课

十、课程内容及要求

酒店管理专业学徒制人才培养方案的课程设置、学时等符合《关于职业院校专业人才培养方案制订与实施工作的指导意见》（教职成〔2019〕13号）的要求。

（一）公共基础课程（略）

（二）专业技术技能课程

专业技术技能课程如表2-22所示。

表 2-22 专业技术技能课程

序号	课程名称	主要教学内容及教学要求	参考学时
1	管理学基础 B	管理与管理系统、管理理论与思想的演进、计划职能与计划方法、组织结构与设计、领导理论与领导方式、控制机制与控制类型、企业的界定和企业制度等 通过讲解使学生了解管理的基础知识，认识管理的作用，激发管理工作的兴趣；通过对案例的分析提高学生的观察能力、思考能力、判断能力和实践中解决问题的能力	32
2	酒店服务礼仪	形象礼仪、仪态礼仪、酒店各部门通用接待礼仪、语言和通讯礼仪；沟通礼仪、餐饮礼仪、岗位服务情境礼仪等 教学中全程重点培养酒店管理专业学生的服务意识和职业素养、塑造职业形象、养成职业行为和职业礼仪习惯，使学生掌握全方位的酒店服务礼仪知识，使之进入工作岗位工作和对客服务时能合乎礼仪、自然大方、自信得体、灵活巧用礼仪为客人提供服务，从而展现出良好的职业风采、驾驭工作岗位和工作任务	48
3	酒店职业素养训导	积极心态、职业忠诚、服务意识、细节意识、问题解决能力、创新能力、学习能力、人际沟通能力等 着重培养学生的关键能力，同时兼顾态度、知识、技能、情感等基本要素；以"先学做人，后学做事"作为课程内容安排和课程教学的一项重要原则，自始至终强调义务意识教育、责任意识教育和道德教育	36
4	餐饮服务与管理	认知餐饮业与餐饮产品、餐饮服务基础技能、中餐和西餐综合摆台、中餐服务、西餐服务、主题宴会设计与服务、餐饮服务质量管理等 要求通过专业知识和专业技能的掌握，灵活为客人提供优质的服务质量，熟练运营餐饮部的日常和管理，培养学生流程化、规范化和标准化服务意识，塑造职业形象和专业气质，强化学生服务礼仪、职业素养和优质服务质量管理意识，及时关注行业动态和前沿信息	48
5	前厅服务与管理	前厅组织结构、布局和设计、前厅人员素质要求、前厅岗位服务规范和程序、前厅服务质量监控、房价的制定方法和原则、客人投诉的处理等 能够完成酒店前厅一线服务人员基本对客服务流程，并体现酒店前厅工作人员的专业素质	40

序号	课程名称	主要教学内容及教学要求	参考学时
6	客房服务与管理	客房产品认知、客房部卫生清洁、客房部对客服务、卫生管理、布草管理、设备和用品管理、安全管理等 能够完成酒店客房一线服务人员工作（如客房清洁、对客服务、服务中心文员等）和基层领班、主管管理岗位（如卫生管理、布草管理、安全管理等），并体现酒店客房工作人员的职业素质	48
7	酒店人力资源管理	酒店人力资源部的组织结构、酒店人力资源规划、工作分析、招聘、培训、薪酬、绩效考核、劳动关系管理、员工活动、职业生涯规划等 掌握人力资源各模块的知识点，能从事人力资源部基础岗位工作	48
8	酒店文职实务	完成办公室日常事务与管理、办公室环境管理、个人与上司时间管理、电话事务处理、日常接待、商务差旅安排、办公室会议组织、处理文书事务等工作 能科学做好办公室的日常管理工作；懂得酒店的专业术语，帮助经理撰写营业报告、工作计划、培训计划；了解采购供应链系统，学会酒店的大量耗材采购与管理；学会会议的筹备、会议通知的拟写与下发，负责会议记录和文字材料的整理；学会各类文书的撰写、收发、整理、归档	36
9	酒店营销策划	营销环境理论、消费者分析、市场分析、营销组合、营销战略、酒店营销调研、市场细分、市场定位、酒店营销策划方案 培养学生酒店市场营销的相关知识和技能，扩充学生的知识结构，提高学生实操能力，使学生能够具备分析酒店营销环境的能力，及时跟踪顾客行为，做到有的放矢地制定营销策略	48
10	会议服务与管理	认识酒店会议市场，销售酒店会议产品，布置会议场地，提供会场服务，酒店会议策划服务 能够使学生掌握利用会议组织、策划与服务相关的基本理论和方法，进行酒店会议营销，处理会议预订及预订取消，设计会议通知单，根据客户需求布置会议场地，提供周到的会议服务，对会议接待过程进行管理，掌握酒店会议经营的整个流程	36

续表

序号	课程名称	主要教学内容及教学要求	参考学时
11	酒店经营与管理	酒店概论、经营理念、战略模式、投资与决策分析、组织架构搭建、前台、客房、餐饮三大运营与管理、工程管理、宾客关系管理、市场营销策划、质量测定与监控、绩效评价体系与分析以及酒店设计与装修维护等 对酒店运营和管理有一定的基础认知，引导学生逐步参与酒店的基层管理	48
12	酒店电子商务	酒店电子商务的概念、酒店电子商务模式、酒店在线宣传渠道、酒店在线营销方式（如 OTA、酒店团购、酒店官网、微信、微博、短视频营销）等 能胜任酒店新媒体营销部的岗位工作，应用电子商务技术对酒店进行宣传、在线调研、营销和内部管理，提高学生的信息化素养	36
13	茶文化与茶艺	茶史文化、茶叶基础知识、茶叶冲泡技巧、茶事服务礼仪、茶席设计、茶艺演示 掌握六大类茶的区别和典型代表茶的特点，能识茶泡茶，并在茶艺服务过程中展现茶艺工作者的形象气质美	48
14	酒店英语口语（1）、（2）	掌握酒店专业词汇句型，如前台接待、客房服务、餐厅服务等各大业务活动的英语会话 掌握酒店管理的专业词汇句型，掌握酒店一线经营部门（如前厅部、房务部、餐饮部等）不同岗位应具备的英语实际能力	72
15	酒店服务心理学	酒店服务心理学的研究内容和方法、酒店消费者的心理及行为规律、酒店各部门服务心理、酒店管理心理等 能利用合适的心理服务技巧，向酒店宾客提供针对性的优质服务和有效沟通，形成良好的客我心理互动，最终培养学生良好的心理素质与自我调节能力，塑造良好的职业形象	36

（三）学徒岗位能力课程

学徒岗位能力课程情况如表 2-23 所示。

表 2-23　学徒岗位能力课程

序号	课程名称	主要教学内容及教学要求	参考学时
1	素菜制作工艺	原材料选择、调配、加工处理,素菜制作,摆盘、食品雕刻 掌握素食文化以及食品营养与卫生的基础知识,掌握原材料选择、调配、加工处理的基础知识,具有拼摆造型、表现手法能力,能独立完成课程中的菜品及熟悉其营养价值	16
2	温泉服务与管理实务	温泉部组织结构、布局和设计,温泉服务标准,温泉相关知识及泡温泉的注意事项,与客人沟通时的注意事项,客人投诉的处理方法 掌握温泉相关知识及泡温泉的注意事项,与客人沟通良好并顺利完成对客服务,处理投诉,能独立解释客人不理解的地方	36
3	景点导游实务	客天下景点导游人员的概念及其职责、职业要求、服务程序及规范、迎送客服务、导游词撰写 掌握导游人员的工作内容,独立撰写导游词,以期能独立负责游客到景区后的吃住行游购娱等所有方面的服务	24
4	客天下经营分析与决策	客天下经营状况、成本控制措施、营销策略制定等 了解客天下经营状况,掌握一定的成本控制及营销策略技巧	8
5	客家文化概论	客家精神、客家习俗、客家建筑风格、客家饮食文化 掌握关于客家的各类相关知识,能独立向游客介绍各类与客家文化有关的景点	48
6	酒店领班与主管实务	酒店领班与主管的角色定位;酒店领班与主管的基本技能,包括团队建设、沟通、领导、激励技能;酒店领班与主管的专项技能,包括前厅部、餐饮部、客房部主管与领班的工作职能以及工作案例分析 通过教学使学生掌握酒店领班与主管的角色定位、工作内容,培养领班与主管的基本技能包括团队建设能力、沟通能力、领导技能、激励方法、员工培训,掌握前厅部、餐饮部、客房部的领班和主管的工作技能,以及能处理实际工作中相关问题的能力等	36

注:"对接典型工作任务及职业能力"填写职业能力编码,编码与附件的职业能力分析表对应,学科课程除外。

十一、教学安排

教学安排具体内容如表 2-24 所示。

表 2-24 教学安排

课程类别	课程名称	学分	总学时	各学期周数、学时分配						教学场所学时分配			评价方式	说明
				1	2	3	4	5	6	学校	网络	企业		
				18	18	18	18	18	18					
公共基础课程 必修课	思想道德修养与法律基础	3	54	24	30					30	12	12	①③	
	毛泽东思想和中国特色社会主义理论体系概论	4	64	26	30	8				34	15	15	①③	
	形势与政策	1	48	8	8	8	8	8	8	24	12	12	①	
	大学生心理健康教育	2	32	16	16					20		12	①	
	军事理论	1	36	36						18		18	①	
	高职英语 1	2.5	48	48						48			①③	
	高职英语 2	3	56		56					56			①③	
	计算机应用基础	3	48		48					48			①③	
	体育与健康	3	56	24	32					30		26	①	
	大学生就业指导	2	32	8			16	8		16		16	①③	
	大学语文	2	32	32						32			①③	
	创新创业教育	2	32			32						32	③	
	马克思主义中国化进程与青年学生使命担当	1	20	20						10		10	①	
	大学美育	2	32		32						32		③	
	入学教育与军训	2	56	56						28		28	③	
	应修小计	33.5	646	298	252	48	24	16	8	394	71	181		

续表

课程类别	课程名称	学分	总学时	各学期周数、学时分配						教学场所学时分配			评价方式	说明
				1	2	3	4	5	6	学校	网络	企业		
				18	18	18	18	18	18					
专业课　专业技术技能课（必修课）	管理学基础B	2	32	32						16		16	①③	
	酒店服务礼仪	3	48	48						24		24	①③	
	酒店职业素养训导	2	36		36					18		18	①③	
	餐饮服务与管理	3	48		48					24		24	①③	
	茶文化与茶艺	3	48		48					24	12	12	③	
	前厅服务与管理	2.5	40			40				20		20	①③	
	客房服务与管理	3	48			48				12	12	24	③	
	酒店英语口语（1）	2	36			36				18		18	①③	
	酒店人力资源管理	3	48			48				24		24	①③	
	酒店文职实务	2	36			36				18		18	①③	
	酒店营销策划	3	48				48			24		24	①③	
	酒店电子商务	2	36				36			18		18	①③	
	酒店服务心理学	2	36				36			18		18	①③	
	会议服务与管理	2	36				36			18		18	①③	
	酒店经营与管理	3	48				48			24		24	①③	
	酒店英语口语（2）	2	36				36			18		18	①③	
	毕业论文或毕业设计	6	168						168			168	③	
	学徒岗位综合实践	29	812	28				504	280			812		
	应修小计	74.5	1640	108	132	208	240	504	448	306	24	1310		

续表

课程类别	课程名称	学分	总学时	各学期周数，学时分配						教学场所学时分配			评价方式	说明
				1	2	3	4	5	6	学校	网络	企业		
	各学期周数			18	18	18	18	18	18					
学徒岗位能力课程	素菜制作工艺	1	16			16						16	③	
	温泉服务与管理实务	2	36			36						36	③	
	景点导游实务	1.5	24			24						24	③	
	客天下经营分析与决策	0.5	8				8					8	①③	
	客家文化概论	3	48				48					48	①③	
	酒店领班与主管实务	2	36				36					36	①③	
	应修小计	10	168			76	92					168		
任意选修课（含专业拓展课程）	客家菜制作与工艺	1	16			16						16	③	
	糖艺摆盘工艺	1	16			16						16	①③	
	演讲与口才	2	36				36			18		18	①③	
	酒吧服务与调酒	2	36				36			18		18	①③	
	校级选修课	4	64		16	16	16	16		32	32		①③	
	应修小计	10	168		16	84	52	16		68	32	68		
合计		128	2622	406	400	416	408	536	456	768	127	1727		

注：①总学时数一般为2500～2700学时，公共基础课程学时应当不少于总学时的1/4，专业技术技能课程和学徒岗位能力课程一般应超过总学时50%。②评价方式包括笔试、面试、任务考核、业绩考核等；③总学分不低于120，含军训及入学教育、社会实践、在岗培养、毕业教育等活动的学分，可以计算为企业学分，学生在校内实践基地由企业导师完全对接岗位组织教学，可以计算为企业课时。④教学场所、学时分配可根据校企教学安排实际情况描述，例如，学生在校内实践基地由企业导师完全对接岗位组织教学，可以计算为企业课时。

十二、教学基本条件

（一）学校条件

1. 现代学徒制学校导师条件

（1）热爱教育事业，具有良好的职业道德规范，以身作则，为人师表；

（2）工作认真负责，善于表达沟通、具备言传身教的能力，德才兼备；

（3）师资团队结构合理，组建具备酒店、旅游、烹饪等专业知识的综合教学团队 10 人；

（4）具有较为深厚的专业知识，有行业相关岗位工作经历；

（5）具有创新思维，能根据行业发展，学习新知识并及时更新教学内容和教学方法。

2. 校内实训室条件

校内实训具备餐饮、茶艺、酒吧、客房等实训室，主要设施设备及数量如表 2-25 所示。

表 2-25　校内主要实训设施设备及数量

序号	实训室名称	主要工具和设施设备		
		名称	规格	数量（生均台套）
1	餐饮实训室	中西餐桌	张	0.2
		中西餐椅	把	0.2
		中西台布	个	1
		中西餐具	套	1
		多媒体设备	套	0.04
2	酒吧实训室	吧台	个	0.04
		酒吧椅子	把	1
		各式杯具	套	1
		调酒用具	套	1
		多媒体设备	套	0.04

续表

序号	实训室名称	主要工具和设施设备		
		名称	规格	数量（生均台套）
3	茶艺实训室	教学桌椅	套	1
		实践桌椅	套	0.3
		演示茶具	套	3
		多媒体设备	套	0.04
		茶席设计用品	套	0.3
4	客房实训室	床	张	0.1
		布草	套	0.3
		卫生洁具	套	0.1
		清洁洁具	套	0.1

（二）企业条件

1. 现代学徒制企业导师条件

企业导师来自客天下的管理岗位，包括总经理、总监、经理、主管等能力突出的优秀导师（员工），具有丰富的工作管理经验，具备良好的语言表达能力和突出的教导、传帮带能力。

（1）酒店管理导师条件。

①遵守宪法和法律，热爱教育事业，具有良好的职业道德；

②遵守教师职业道德规范，以身作则，为人师表，工作技能优秀，善于表达沟通，责任心强，具备言传身教的能力；

③为合作企业的正式员工，身体健康；

④具备6年以上星级酒店工作经验，技能娴熟，或拥有3年以上星级酒店、度假村酒店行业的相关服务管理经验；

⑤熟悉酒店管理运营各模块的服务工作流程及酒店运营体系需求。

（2）烹调导师条件。

①遵守宪法和法律，热爱教育事业，具有良好的职业道德；

②遵守教师职业道德规范，以身作则，为人师表，工作技能优秀，善于

表达沟通，责任心强，具备言传身教的能力；

③为合作企业的正式员工，身体健康；

④具备 8 年以上中西厨房工作经验，技能娴熟，或拥有 5 年以上星级酒店餐饮总厨以上岗位相关管理经验；

⑤熟悉餐饮经营策略及各项餐饮后厨工作流程。

（3）旅游导师条件。

①遵守宪法和法律，热爱教育事业，具有良好的职业道德；

②遵守教师职业道德规范，以身作则，为人师表，工作技能优秀，善于表达沟通，责任心强，具备言传身教的能力；

③为合作企业的正式员工，身体健康；

④具备 5 年以上景区旅游项目工作经验，或拥有 3 年以上景区运营相关的管理经验；

⑤熟悉景区产品开发与运营管理工作流程。

2. 岗位培养条件

客天下提供学徒岗位课程相关课件、实操场景及教学设施设备，岗位培养的项目应符合人才培养目标。客天下的项目数量能满足学徒数量的要求，每名客天下导师指导学徒的数量不超过 5 人。学徒应在目标岗位上进行在岗培养，并尽量安排学徒在前厅服务员、客房服务员、餐厅服务员、温泉运营服务进行轮岗培养。在以上岗位轮岗或协助这些岗位的技术人员完成相应岗位工作的时间一般应不少于 15 个工作日。

十三、教学实施建议

（一）教学要求

严格按照现代学徒制人才培养方案实施教学。根据不同课程的特点，教学中灵活运用启发引导、分组讨论、展示汇报等行为导向教学方法锻练学徒的创新思维、表达能力和团队合作能力。例如，"前厅服务与管理""客房服务与管理""餐厅服务与管理"等专业技术技能课程，严格实行课程授课双导师制，学校企业合理分配课时，校企教师联动教学，沟通合作，保证课程授课的流畅性和完整性，避免教学内容重复和脱节。"客家文化概论""温泉服务与管理实务"等学徒岗位能力课程需要以岗位能力为导向，引导学徒养成积极思考、乐于学习和实践的思维习惯，培养学徒爱岗敬业、踏实努力的工作作风，认真负责的工作态度，以及分析和解决实际问题的基本能力和奉献协作精神，培养适应新时代社会需求的高级专业技术人才。

（二）教学组织形式

以培养客天下学徒岗位能力和职业素养为主线，根据教学内容，灵活运用项目教学、任务驱动教学、现场教学、案例教学、直观教学、情景模拟教学等多种教学方法。严格教学质量管理制度，保证酒店管理专业人才培养方案课程授课质量。公共基础课程以培养学生社会主义核心价值观为主，可以通过校内理论学习、线上教学和企业导师引导的方式共同授课，利用信息化手段和多维度教学方法强化教学效果，激发学生的学习兴趣；"前厅服务与管理""酒店经营与管理"等专业技术技能课程需要充分利用校内理实一体化教室的教学设施和客天下企业的真实工作环境，促进理论与实践教学的融合，校企双导师教学互动，实现学中做，做中学。"客家文化概论"等学徒岗位能力课程需要监督辅助企业教师积极开发多媒体教学课件和相对应工作岗位的服务标准手册，把教学内容转化成各种图片、动画、视频等，使教学内容更加直观、形象，便于提高学徒的学习兴趣，并使教学内容更易理解和掌握。各类课程都需要利用网络资源平台，将课程学习资料数字化，让学徒能进行自主学习，使课堂教学得以延伸，利用现代信息化手段进行学徒与学徒、学徒与教师以及教师与教师之间的课外交流和辅导答疑，及时传递教学信息，帮助学徒解决遇到的各种问题。

（三）学业评价

根据人才培养方案中每门课程的特点设计多要素、多形式、多途径的评价模式，推进形成性评价。采取综合考评得分=过程评价（35%）+现场述职（50%）+网络学习（15%）+"小改善，大成就"提案加分的过程评价考核，其中包括现场工作汇报、思想转变、自我学习三个方面，涉及专业能力、协作能力、计划能力、沟通能力、执行能力五个能力的考核；"小改善，大成就"包括提案、工作纪律、社会公益活动实践等加分项。

（四）教学管理

校方与客天下共同组建的学徒制工作小组对教学过程中的一系列管理工作进行了详细规划，从学校层面制订了《河源职业技术学院现代学徒制试点工作管理办法》《现代学徒制带教师傅工作职责》《现代学徒制评价考核办法》《现代学徒制人才培养方案制定的原则性意见》等相关管理办法。客天下企业相继出台了《现代学徒制企业导师管理手册》《广东客天下企业对学徒考核标准》《现代学徒制人才岗位的职业能力培养方案》等学徒培养方案，并成立了广东客天下现代学徒制工作领导小组，以引导、规范现代学徒制的管理与教学。这些措施涵盖了教师管理、学徒管理、教学计划管理、教学目标管理、教学过程管理、教学质量管理等方面的工作，并提供指导、反馈和评估。旨在为课程的实施创造条件，加强对教学过程的质量监控，促进双导师教学能力的提升，保证教学质量。

1. 主任导师

总裁助理张小山、董事长助理兼管理中心总监曾金杰。

作为现代学徒制班顶岗实践培养期的最高责任人，他们负责学员在周期内的带教、管理与考核的最终评判工作。

2. 第一导师

各部门负责人。他们对学员的工作计划、工作内容、工作质量及工作态度等进行全过程管理，并对学员在过程期间的考核结果应用给予重要裁定。

3. 岗位师傅

岗位师傅负责对学员的技能训练进行指导和技术环节的示范，帮助学徒尽快掌握实际操作技能，并严格要求学徒，经常进行提问、讲解与指导。

4. 辅导员

管理中心人力资源部及文旅研学管理公司培训部。

辅导员负责组织对学徒制班学员的各培养项目周期、月度考核跟踪，包括入职引导、职业规划、培养学习、跟踪反馈等，并将考核过程及结果向各级导师汇报。

（五）质量监控

在教务处的指导下，学院对学徒制的教学目标、过程和结果实施具体化的监控，具体包括酒店管理专业学徒制教学质量标准的订立、教学目标的制定和调整、教学计划的制定和实施、教研室教学工作的组织和协调、教学过程和效果的常态追踪。其中，教学过程和效果的追踪采取二级学院领导、二级督导和教研室主任听课，班干部和学徒对教师教学反馈相结合的方式。每学期，院领导、院二级督导、教研室主任、班主任会不定期抽查教学情况。此外，还建立了内部的质量保障机制，由企业管理人员、学校质量处联合相关处室进行总体教学目标、过程和结果的监督和审查工作。

十四、毕业要求

学徒在三年内完成所有基础课程、专业课程、岗位能力课程和学徒岗位综合实践课程，获得相应学分后方可毕业。

第四节　烹饪工艺与营养专业人才培养方案

一、专业名称及代码

专业名称：烹饪工艺与营养。
专业代码：540202。

二、入学要求

普通高级中学毕业、中等职业学校毕业或具备同等学力。

三、修业年限

标准学制为 3 年，实行学分制，学习年限为 3~5 年。

四、职业面向

烹饪工艺与营养专业职业面向如表 2-26 所示。

表 2-26 烹饪工艺与营养专业职业面向

所属专业大类	所属专业类	对应行业	主要职业类别	主要岗位类别（技术领域）举例	职业资格（职业技能等级）证书举例
旅游大类（54）	餐饮类（5402）	酒店餐饮	餐饮业	中厨岗位、西厨岗位、面点岗位等	粤菜制作（中级）粤点制作（中级）

五、培养目标与培养规格

（一）培养目标

坚持以立德树人为根本，为党育人、为国育才，以习近平新时代中国特色社会主义思想为指引，培养德智体美劳全面发展，具有一定的科学文化水平、良好的职业精神和工匠精神，掌握中厨、西厨、点心、餐饮管理等岗位专业技术技能，具备认知能力、合作能力、创新能力、职业能力等支撑终身发展、适应时代要求的关键能力，具有较强的就业创业能力，面向餐饮厨房生产和菜肴营养配制领域的高素质复合型技术技能人才。

（二）培养规格

1. 专业人才素质要求

具有正确的世界观、人生观、价值观。坚决拥护中国共产党领导，树立中国特色社会主义共同理想，践行社会主义核心价值观，具有深厚的爱国情感、国家认同感、中华民族自豪感，崇尚宪法、遵守法律、遵规守纪，具有社会责任感和参与意识。

具有良好的职业道德和职业素养。崇德向善、诚实守信、爱岗敬业，具有精益求精的工匠精神；尊重劳动、热爱劳动，具有较强的实践能力；具有质量意识、绿色环保意识、安全意识、信息素养、创新精神；具有较强的集体意识和团队合作精神，能够进行有效的人际沟通和协作，与社会、自然和谐共处；具有职业生涯规划意识。

具有良好的身心素质和人文素养。具有健康的体魄和心理、健全的人格，能够掌握基本运动知识和一两项运动技能；具有感受美、表现美、鉴赏美、创造美的能力；具有一定的审美和人文素养，能够具备一两项专业特长或爱好；掌握一定的学习方法，具有良好的生活习惯、行为习惯和自我管理能力。

2. 专业人才知识要求

（1）公共基础知识。

①掌握基本的思想政治理论知识、法律法规知识；

②熟悉计算机及网络应用基本知识；

③掌握一定的体育和军事基本知识；

④掌握一定的管理学基础知识。

（2）专业知识。

①掌握饮食与营养基本理论与方法；

②熟悉我国有关餐饮业的政策和法规；

③掌握厨房部门的营运管理知识；

④了解餐饮业服务礼仪、食品安全与营养卫生、厨房管理等专业拓展

知识。

3. 专业人才能力要求

（1）通用能力。

①具有一定的口语和书面表达能力；

②具有一定的分析问题、解决实际问题的能力；

③具有一定的信息技术应用能力；

④具有独立思考、逻辑推理、信息加工能力；

⑤具有终身学习的能力。

（2）专业技术技能。

①具有现代高星级酒店厨房管理能力；

②具有烹饪食材鉴别与选择能力；

③具有烹饪食材加工能力；

④具有中西餐菜肴、中西式点心制作能力；

⑤具有菜肴装饰与美化的能力；

⑥具有宴席菜肴创新设计与制作能力。

六、课程设置及要求

（一）公共基础课程（略）

（二）专业群平台课程（略）

（三）专业核心课程

专业核心课程设置情况如表 2-27 所示。

七、教学进程总体安排

（一）课程设置与教学安排

课程设置与教学安排如表 2-28 所示。

表2-27 专业核心课程设置

序号	课程名称	课程目标	主要教学内容	主要教学要求	课程思政育人
1	营养配餐实务	培养餐饮业所需要的掌握营养基本理论知识并且具备一定的实践操作能力的高技能应用型人才。在教学中向学生完整地介绍营养配餐人员、餐饮管理人员等工作所需的营养配餐知识、方法与技能操作；要求学生掌握营养配餐方法，能有目的地解决餐饮服务行业以及日常生活过程中的营养问题，为学生继续学习打下良好基础	膳食宝塔、膳食指南、中国成分表的使用，使学生能熟练使用营养配餐软件食工具；计算法、食物交换份法和膳食三种经典的编制食谱的方法；选取具有代表性的群体：孕妇、乳母、婴幼儿、糖尿病患者等人群，根据不同配餐对象的具体情况来设计食谱，培养学生的成本意识	了解营养配餐的相关职业资格证书与职业规划发展；掌握营养配餐的基本工具以及基础方法；掌握不同生理人群、不同工作环境人群以及经常见慢性病人群的营养特点、膳食需求与配餐设计；熟悉餐饮成本核算的相关内容	培养学生形成营养卫生意识，养成良好的生活习惯；培养学生追求目标的毅力，个人规划、个人素质、挫折承受力等专业必备素质；引导学生树立专业自信心，持之以恒，积极进取、自强不息的向上精神
2	现代厨政管理	该课程是烹饪工艺与营养专业的一门专业课程，是一门涉及多学科，实践性、具有针对性、实用性、科学性与创新性的课程。该课程以当前厨房岗位的需求为导向，全面系统地介绍了现代厨房管理的基本原理、基本方法及其运用方法。通过本课程	模块一 现代厨房管理认知；模块二 现代厨房规划布局；模块三 现代厨房员工队伍建设；模块四 现代厨房生产原料管理；模块五 现代厨房菜点生产管理；模块六 现代厨房菜点营销管理；模块七 现代厨房菜点创新管理；模块八 现代厨房菜点生产成本管理；	使学生了解和掌握厨房设计的要求、设计形式以及不同设计方法所带来的优、缺点；了解各岗位职责、掌握厨政管理组织结构设计的原则，并掌握人员配备的方法	根据课程内容，结合实际情况培养理想信念坚定、德艺双馨、全面发展，具有良好的职业道德和一定的科学文化水平、工匠精神以及较强的创业能力的专业人才；本课程是以工作过程为导向的课程教学体系，采用线上线下混合教学模式，以立德树人为根本目标

续表

序号	课程名称	课程目标	主要教学内容	主要教学要求	课程思政育人
		的学习，使学生对现代厨房有一个全面的了解，熟悉厨房的基本业务和管理技能，明确厨房管理的基本内容和基本方法，具有管理意识掌握厨房管理知识，富有创新精神和经营管理能力，应用型人才的高素质，应用型人才	模块九　食品安全与厨房安全管理 模块十　厨房"8S"与"6T"管理法	使学生建立"学习是为了解决实际问题"的意识； 掌握厨房产品的设计思路与方法，特别是产品创新的思路和方法； 理解产品质量的内涵，培养学生能够把握厨房产品质量与成本控制的能力； 掌握常用烹调方法和分类，运用烹调基础知识加工制作菜肴	的，在师徒制背景下实施该课程思政教学，培育学生在专业领域的价值观、职业素养、职业道德及工匠精神； 烹饪专业的学生只有热爱烹饪专业，才能将自己融入身心事业，并树立起优良品质和高尚的情操，发挥自己的聪明才智，钻研业务，提高技能，讲究卫生，尽职尽责地完成自己的工艺，保证健康，为自己从事的工作感到骄傲
3	宴会设计实务	该课程是宴会烹饪工艺与营养专业的一门专业必修课程，在专业人才培养体系中具有不可替代本课程作用。课程内容根据本专业人才培养目标确定，要求学生能够掌握宴会设计与管理基础知识，运用宴会设计与管理相关知识，能掌握宴会设计型实务	项目一　宴席基本知识； 项目二　宴席菜品知识； 项目三　宴席菜品设计； 项目四　宴席酒水及餐具设计； 项目五　宴席菜单设计； 项目六　宴席台面与台型设计； 项目七　宴席业务组织与实施；	掌握宴会的定义、特征以及基本要求； 掌握宴席菜品的质量要求、菜品制作等基本知识； 掌握宴席菜品的风味流派、菜品菜系派； 掌握宴席菜单的设计、排菜的格局； 掌握宴席酒水、餐具的	该课程理论部分要求学生掌握宴会设计的基本要求，在此基础上，注重学生思政教育培养与专业内容融合，将立德修身、廉洁守法、习近平新时代中国特色社会主义思想、中华优秀传统文化等具有

续表

序号	课程名称	课程目标	主要教学内容	主要教学要求	课程思政育人
		够设计各类相关主题宴会菜单，并运用到生产实践中，提高自身竞争力。本课程对学生步入正式工作岗位运用相关宴会设计知识具有指导性意义，可培养学生创新创业的能力	项目八 宴席成本与质量控制；项目九 宴席设计实例	设计；掌握宴席菜单的分类和设计的方法；理解宴席场景设计以及各类宴席合型设计的原则与方法；熟悉宴席业务的组织与实施以及宴席各部门机构的设计与职责；掌握宴席成本与质量的控制以及宴席婚丧发事件的处理方式；了解各类宴席设计与制作	思政内涵的内容有机融入"宴会设计实务"课程实践部分以掌握各类主题宴会的设计与制作为主，包括常见的宴会菜单设计、特殊宴会菜单设计、美食节宴会菜单设计，主题宴会菜单设计等；以团队合作形式完成"主题宴会设计与制作"项目考核，并与宴会管理职业岗位实际工作任务相结合，在"主题宴会设计与制作"项目考核的基础上进行创新创业，为日后进行宴会管理及宴会设计推广奠定基础；在项目考核阶段，融入新技术、新工艺、新方法等内容，对学生创新创业具有指导性意义
4	中式面点工艺	通过对中式面点师最基本的职业活动和工作过程的讲解，使学生初步了解面点的工艺流程和职业道德，掌握相应的面点基础知识、器具设备使用方法、面团制作工艺、馅心调制工艺、	中国点心发展历史、制作工艺流程、达到准确识别中国各品种派系面点特点以及代表面点品种的水平；面点常用原料的种类、特性、用途以及面点常见器具设备的种类、功能，可以鉴别面点原料，熟悉面点各类工	熟悉常见面点品种、面点原料品种、面点工具设备种类图片及实物；掌握典型中式面点制作案例和标准面点制作视频	在育人方面，结合诚信为本、操守为重、坚守准则、不弄虚作假的工作原则，引导学生树立正确的世界观、人生观、价值观，积极践行社会主义核心价值观，将个人职业理想与社会担当有机

续表

序号	课程名称	课程目标	主要教学内容	主要教学要求	课程思政育人
		点心开发创新知识等，为进一步进行面点实操训练打下良好的基础	具设备的使用，掌握相应的食品安全和生产安全知识； 面团、馅心制作工艺，掌握各类面团特性，熟悉各类馅料调制工艺及味道特点； 面团成型、熟制工艺，掌握面团成型的常用技艺及其特点，熟悉各类面团不同的制熟技艺及时间把控； 中式面点的继承与开发，熟悉面团继承与开发的关系，了解面点继承的原则以及面点创新开发的原则和开发途径		在方法育人方面，通过项目教学法、讨论法、讲授法等，将经典型工作任务、实务经典案例融入课堂教学，帮助学生正确认识中式面点特点及制作工艺； 在实践育人方面，通过角色扮演、模拟课程实训、虚拟仿真实训等实践教学环节，帮助学生认知职业工作环境，熟悉岗位认同，培养学生诚信、面点职业认同以及面点职业操守、匠心的职业精神
5	中式烹调工艺	通过本课程的学习，使学生了解烹饪原料识别和运用的方法，了解解活原料初步加工工艺和干货原料涨发方法，掌握菜肴组配知识以及菜肴在烹调前进行预制处理的方法，了解各种烹调方法对菜肴进行烹制以及菜品造型艺术设计，从而具备粤菜烹饪工艺的相关职业理论知识	粤菜烹调概述：粤菜三大菜系的概述与特点； 烹饪原料的识别与运用：各类烹饪原料识别的方法与运用在烹饪中的运用； 干货原料发加工工艺：干货原料涨发的方法； 基本要求和干货原料涨发的方法； 配菜工艺：配菜的类型和技能要求、配菜的方法、料头的使用和菜品的命名； 烹制前的预制：馅料的制作、原料的初步熟处理、上浆挂糊工艺、烹调前	熟悉原料的分类以及在烹饪中的运用； 熟悉干货原料进行涨发的方法； 熟悉刀工技术对原料进行粗细加工的方法； 掌握菜肴进行组配的方法； 掌握原料进行烹调前预制的方法；	本课程以多项目多载体的方式来参与教学，仿照厨房相关岗位的实际工作流程，从原料认识、原料的配菜、菜着的烹调、菜品造型依次进行教学组织，通过课程任务驱动，使学生加强组织与合作，增强组织与协调能力，具有沟通和协调能力；向学生传授课程知识的同时使其树立正确的价值观，培养学生的

续表

序号	课程名称	课程目标	主要教学内容	主要教学要求	课程思政育人
			的造型； 烹调基础：火候的识别及运用，味型的种类，调味的一般方法； 烹调方法：粤菜各种烹调方法的概述与操作过程； 菜品的造型艺术：菜品造型艺术的一般要求、冷菜造型艺术和热菜造型艺术	掌握各类烹调方法制作菜肴； 掌握对菜品造型艺术设计的方法	社会责任感和遵纪守法的意识，将工匠精神融入课程
6	粤菜创新与制作	本课程旨在培养学生制作粤菜肴的能力，运用粤菜各种烹调方法制作菜肴，要求学生在今后的学习和工作中能运用这些知识解决实际问题，成为餐饮业一名优秀的烹调师	炒法菜式的操作流程与代表菜肴； 泡法菜式的操作流程与代表菜肴； 蒸法菜式的操作流程与代表菜肴； 焖法菜式的操作流程与代表菜肴； 浸法菜式的操作流程与代表菜肴； 煎法菜式的操作流程与代表菜肴； 扒法菜式的操作流程与代表菜肴； 炸法菜式的操作流程与代表菜肴； 烩法菜式的操作流程与代表菜肴； 滚法菜式的操作流程与代表菜肴； 焗法菜式的操作流程与代表菜肴	掌握各类烹调方法的操作流程与技术要领； 能运用各种烹调方法制作菜肴	以粤菜烹调法代表性的特色风味菜肴为模块，以传统和创新代表菜肴为案例的项目教学模式，按菜肴烹调工作任务结构来展示教学内容，以培养学生创新能力；本课程注重学生实际操作技能培养，在实践教学中引导学生的世界观、人生观和价值观，以培养学生团队合作、组织与协调能力，增强沟通和协调能力，同时培养学生吃苦耐劳、爱岗敬业、诚实守信的良好品质

表2-28　课程设置与教学安排

课程性质	课程类别	课程名称	课程编码	总学时	学分	课程类型/考核方式	各学期周学时分配					
							1	2	3	4	5	6
							16	18	18	18	18	16
校级平台课程	公共基础必修	思想道德与法治	GB011202	54	3	B/&	2*12	2*15				
		毛泽东思想和中国特色社会主义理论体系概论	GB021202	32	2	B/*	2*13+6					
		习近平新时代中国特色社会主义思想概论	GB031202	48	3	A/*		4*12				
		形势与政策	GB011103	48	1	A/#	2*4	2*4	2*4	2*4	2*4	2*4
		大学生心理健康教育	GB011103	32	2	A/#	2*8	2*8				
		军事理论	GB011105	32	2	A/&	10+22					
		高职英语1	RW011204	48	2.5	B/*	4*12					
		高职英语2	RW011205	56	3	B/*		4*14				
		信息技术	DX081201	48	2.5	B/*		4*12				
		体育与健康	GB0909XX	108	6	C/*	2*12	2*16	2*9	2*17		
		国家安全教育	GB1111XX	24	1	C/*				24		
		大学生就业指导	GB1010XX	32	2	B/#	2*4			2*8	2*4	
		大学语文	RW021233	32	2	B/&	3*11-1					
		马克思主义中国化进程与青年学生使命担当	GB081201	24	1	A/&	2*12					
		创新创业教育	GB061201	32	2	B/&			2*16			
		大学美育	YS121201	32	2	B/&		2*16				
		劳动教育	GS101301	32	2	B/&	8	24				
		应修小计		714	39		256	294	58	82	16	8

续表

课程性质	课程类别	课程名称	课程编码	总学时	学分	课程类型/考核方式	各学期周学时分配					
							1	2	3	4	5	6
							16	18	18	18	18	16
	限定选修（四选一）	党史		16	1	A/#	16					
		新中国史		16	1	A/#				16		
		改革开放史	GB2222XX	16	1	A/#				16		
		社会主义发展史		16	1					16		
		应修小计		16	1	A/#				16		
	公共选修	（选课两门以上）		48	3			16	16		16	
		应修小计		48	3			16	16		16	
		单元小计		762	42		250	292	82	98	32	8
专业课程	专业群平台课程必修	茶艺服务基础	GS091306	36	2	C/#				2*18		
		职业素养	GS031107	18	1	C/#	2*9					
		管理学基础B	GS061120	32	2	A/*				2*16		
		应修小计		86	5		18			68		
	专业群公共课程选修	（选课两门以上）	具体课程见各专业群公共选修课程目录									
		课程1		16	1	A/#		16				
		课程2		16	1	A/#			16			
		课程3		16	1	A/#				16		
		课程4		16	1	A/#					16	
		应修小计		64	4			16	16	16	16	

续表

课程性质	课程类别	课程名称	课程编码	总学时	学分	课程类型/考核方式	各学期周学时分配 1 (16)	2 (18)	3 (18)	4 (18)	5 (18)	6 (16)
专业课程	专业必修	中国饮食文化	GS031101	36	2	A/&	3*12					
		烹饪原料	GS031108	36	2	A/&		2*18				
		刀工与冷拼艺术	GS031308	64	4	B/#		4*16				
		烹饪英语	GS031203	36	2	B/*			2*18			
		营养配餐实务	GS031115	32	2	A/*			2*16			
		客家菜肴创新与制作	GS031325	36	2	C/#			4*9			
		客家点心创新与制作	GS031324	16	1	C/#				4*4		
		餐饮食品安全控制	GS031104	36	2	A/*				2*18		
		西式烹调工艺	GS031316	72	4	C/#				4*18		
		餐饮创业信息技术素养	GS031105	32	2	B/#				2*16		
		现代厨政管理	GS031318	32	2	B/#					4*8	
		宴会设计实务	GS031219	32	2	B/#					8*4	
		应修小计		460	27							
	职业技能等级证书方向选修	面点创新与制作1	GS031314	56	3	C/#			4*14			
		面点创新与制作2	GS031315	56	3	C/#				4*14		
		中式烹调工艺	GS031109	36	2	A/*			2*18			
		中式面点工艺	GS031110	32	2	A/&			2*16			
		粤菜创新与制作1	GS031317	56	3	C/#			4*14			
		粤菜创新与制作2	GS031319	56	3	C/#				4*14		
		应修小计		292	16							

续表

课程性质	课程类别	课程名称	课程编码	总学时	学分	课程类型/考核方式	各学期周学时分配					
							1 (16)	2 (18)	3 (18)	4 (18)	5 (18)	6 (16)
		单元小计		902	52		54	116	300	352	80	
必修		人学教育与军训	GZ010005	56	2	C/#	2w					
		抛锅基本技能训练	GS031305	36	2	C/#	4*9					
		食品雕刻与菜品装饰1	GS031306	56	3	C/#		4*14				
		食品雕刻与菜品装饰2	GS031307	36	2	C/#			4*9			
综合实践课程		认识实习	GS031320	28	1	C/#	1w					
		专业实习	GS031322	144	8	C/#					8w	
		岗位实习	GS031326	448	16	C/#						16w
		毕业设计	GS031327	112	4	C/#						4w
		单元小计		916	38		120	56	36		144	560
		创新学分			1	C						
		美育实践			1	C						
		合计		2580	134		424	464	418	450	256	568

注：①课程类型：A表示纯理论课程，B表示理实一体课程，C表示纯实践课程；②考核方式：*号为笔试，#号为实务，&号为其他。

（二）周数分配

周数分配情况如表 2-29 所示。

表 2-29　周数分配

学期	周数分配							小计
	准备周	入学教育与军训	课堂教学	整周实训	岗位实习（含毕业设计）	考试	机动	
1	2	2	11	1		1	1	18
2			18			1	1	20
3			18			1	1	20
4			18			1	1	20
5			10		8	1	1	20
6					20			20
合计	2	2	75	1	28	5	5	118

注：机动和考试周一般安排在每学期的最后两周。

（三）学时学分结构

学时学分结构如表 2-30 所示。

表 2-30　学时学分结构

课程类别		学时统计				学分统计	
		占比（%）	课程学时	其中		占比（%）	学分
				理论学时	实践学时		
公共基础课	必修课	27.0	698	347	351	28.3	38
	选修课	5.0	128	128	0	6.0	8
专业课	必修课	56.7	1462	172	1290	62.7	84
	选修课	11.3	292	68	224	3.0	4
合计		100	2580	715	1865	100	134
公共基础课占比（%）	32.0	实践占比（%）		72.3		选修占比（%）	16.3
必修课学时	2180	选修课学时		420			

八、毕业要求

学生通过规定修业年限的学习，修满专业人才培养方案所规定的学分，达到专业人才培养目标和培养规格的要求以及符合《国家学生体质健康测试标准》相关要求，方可毕业并获得毕业证书。

学生须达到以下要求方可获得毕业证书：

（1）最低毕业学分为134学分或以上（其中含公共选修课8学分，课外2学分）；

（2）应修满8学分及以上的公共选修课程；

（3）应修满2学分的课外活动；

（4）应取得1本以上专业技术资格证书或职业技能等级证书。

中 篇
旅游管理专业群教学改革的
探索与成效

第三章　精品课程建设[①]

　　高等职业教育担负着为促进经济社会持续发展和提高国家竞争力提供高质量技术技能人才支撑的重任，因此，人才培养质量是高职院校的生命线，课程质量则是人才培养工作的核心，精品课程（包括精品资源共享课程、精品在线开放课程）建设是引领课程教学改革发展的关键环节，对于提升课程教学质量，推动高职教育高质量发展有着重要的作用。

　　河源职业技术学院从 2006 年开始开展精品课程建设，2008 年，俞彤老师主持的"导游业务"被评为广东省高等学校精品课程，实现了河源职业技术学院以及珠三角以外的高职院校省级精品课程零的突破，在河源职业技术学院以及珠三角以外的高职院校中起到了示范引领作用。2014 年，"导游业务"课程被升级为广东省高职教育精品资源共享课，继续开展建设，2020 年通过验收。2015 年，朱智老师主持的"旅行社经营与管理"课程被评为广东省高职教育精品开放课程，2020 年通过验收。2016 年，张颖老师主持的"旅行社计调业务"课程被评为广东省高职教育精品在线开放课程，2021 年通过验收，2023 年 1 月被教育部认定为国家级在线精品课程。2019 年，伍新蕾老师主持的"旅游服务心理学"课程被评为广东省高职教育精品在线开放课程，2023年通过验收。

---

　　① 本章资料来源于"导游业务"省级精品资源共享课程建设方案（2014 年）、"旅行社计调业务"国家级在线精品课程标准（2022 年）。

第一节　"导游业务"省级精品资源共享课程建设方案

一、建设目标

"导游业务"是旅游管理专业的必修课，是专业课程体系中的核心课程。本课程于 2008 年被评为省级精品课，经过 10 余年的教学改革，本课程教学团队形成了独具特色的教学模式、教学方法，积累了丰富的教学资源，教学质量不断提高，获得了学生的好评。本次课程升级将进一步改善教学团队师资状况、完善课程资源，争取达到国家级精品资源共享课的标准。

二、建设内容

（一）师资团队

师资队伍是高职院校教学质量的核心和关键因素，对于课程建设尤为重要。

通过精品资源共享课程建设逐步形成一支结构合理、人员稳定、教学水平高、教学效果好的课程建设团队（见表 3-1），根据课程需要按一定比例配备辅导教师和实践课教师。

表 3-1　"导游业务"师资队伍一览

姓名	性别	专业技术职务	职业资格证书	专业领域	在教学中承担的工作	兼职教师在行业企业中所任职务
俞　彤	男	副教授	旅游咨询师证（高级）	旅游管理	课程负责人	
陈德清	男	教授	国家导游人员资格证	管理学	主讲教师	
赖金凤	女	客座教授	高级导游资格证	旅游管理	实践指导教师	河源市客家女旅行社总经理

续表

姓名	性别	专业技术职务	职业资格证书	专业领域	在教学中承担的工作	兼职教师在行业企业中所任职务
周维国	男	兼职教师	中级导游资格证	导游服务技巧	实践指导教师	河源万绿湖旅行社总经理
胡晓晶	女	副教授	中级导游资格证	资源地理	主讲教师	
朱智	男	副教授	中级导游资格证	植物学	实践教师	
杨红霞	女	讲师	高级导游资格证	旅游管理	实践教师	
张颖	男	讲师	中级导游资格证	旅游管理	实践教师	
曾惠华	女	助教	高级导游资格证	导游服务技巧	主讲教师	曾任万绿湖旅行社总经理
凌财进	男	讲师	软件设计师证	计算机信息技术	教育技术支持与课程网络维护	

1. 教学队伍"双师"结构

本专业专任教师持有旅游管理专业相关岗位资格证书，具备丰富的工作经验，10位教师全部具备"双师"素质。

2. 校外兼职教师情况

本专业以专业建设指导委员会为平台，建立了一支高素质的校外兼职专业教师队伍，现将主要校外兼职教师情况介绍如下：赖金凤，河源新丰江旅行社有限公司总经理，广东省国家导游人员资格考试口试考评员。1997年获广东省"优秀导游员"称号，1999年荣获河源市"金牌导游"称号，2006年获河源市"十佳导游"比赛第一名。2006年10月成为广东省22名获国家旅游局表彰的"全国优秀导游员"之一。连续3年为旅游管理专业学生上课，主讲"导游业务"课程，教学效果优秀。周维国，河源万绿湖旅行社总经理，国家中级导游员，"导游业务"课程的实践教学指导教师。在条件成熟的情况下，建设期内将再聘请2位企业专家作为本课程的校外兼职教师，进一步优化课程的教师团队。

3. 教学队伍的年龄结构

课程组35岁至45岁教师6人，均获得硕士以上学位及中级以上专业技术资格，具有深厚的理论知识及丰富的实践经验，对学科的建设发展具有较强的开拓能力。课程组 35 岁以下教师 4 人，知识结构新、业务能力强，具有旺盛的战斗力和创造力。

4. 教学队伍的学缘结构

课程组 10 名成员分别毕业于国内 10 所高等院校，有经济管理类专业背景的成员 6 人，有社会学类专业背景的成员 2 人，有生物类专业背景的成员 1 人。人员的知识结构互补性强，能满足该课程建设对复合型教师队伍的要求。

5. 教师队伍职称结构

课程组教授 1 人，副教授 3 人，讲师 3 人，助教 1 人，"双师"型教师 10 人。

6. 教学队伍的师资配置情况

该课程主讲教师 3 人，实践指导教师 5 人，兼职教师 2 人。河源职业技术学院工商管理学院为每个教学班（30 人）的课堂教学配备 1 名主讲教师和 2 名实操指导教师。课程教学的师生比为 1∶15，比例合理。

（二）课程内容建设

本课程建立了以导游业务为载体，以导游过程为主线，以具体项目为目标，以具体工作任务为驱动的"工学结合"教学模式，以总体课程设计为指导对教学内容进行组织与安排。

1. "导游基本技能" 教学内容的组织与安排

"导游基本技能" 主要包含的工作项目有：接待计划及接团服务（可分为入境迎接和国内迎接）；沿途讲解、沿途活动设计与组织；入店服务；餐饮服务；景点讲解；各类突发事件处理；购物、娱乐服务；送团与总结工作。同时将工作项目细化并通过课前布置、课后练习、课堂演练、校内旅行社实践等环节开展课程教学工作。

2. "导游高级技能" 教学内容的组织与安排

保姆型导游：热情细心，善于悉心照顾老人家、小孩，特别适合家庭出游的人群。主要通过请兼职护理医师授课、模拟旅游护理技巧演练、训练与特殊群体沟通技巧来实现。

娱乐型导游：活泼幽默，善于活跃气氛，唱歌、讲故事、表演能力好，能充分调动大家的兴致，促进团友间的开心交流，是单位团体出游的最佳人选。主要通过训练获得演唱、表演、讲故事的能力；旅游场景模拟演练；特殊娱乐能力演练来实现。

知识型导游：博古通今、文化底蕴深厚，能将景点与历史、文化、风俗等知识结合在一起娓娓道来，属于良师益友型。通过课程评述读书活动，广泛涉猎历史文化、风俗，讲解文化导游知识演练，编写有文化深度的导游词，风俗表演演练来实现。

涉外型导游：能综合运用英语语言和其他小语种语言，接受导游任务。通过英文导游词和小语种导游词讲解训练来实现。

3. 考核方式及评分办法

本课程以真实工作任务为依据，对学生的能力训练过程进行精心设计，主要体现在"工作过程考核"和"工作业绩考核"两部分。前者为平时课程的考核，后者为实战训练的表现。注重过程考核激发学生学习本门课程的主动性和积极性。考核形式为工作过程考核+工作业绩考核。考核比例为平时考勤20%，能力考核40%，知识考核40%。

本课程的教学安排在导游培训室和万绿湖旅行社大学城营业部进行，实行课堂和实习地点一体化的教学模式，实现了教、学、做相结合，将知识点的教学与操作结合起来，学生边听课边演练。

4. 合理设计实训、实习等教学环节

本课程的实践教学设计分为4个层次：①课内实训，设计教学情景训练学生的专项能力，提高其理论联系实际的能力；②在导游培训室模拟导游，以小型独立项目教学为主，突出导游讲解等基本技能的训练；③在校园模拟导游，成立校园导游部，以校园为景区，开展模拟导游实训，突出学生综合能力的培养；④顶岗实训，以万绿湖旅行社大学城营业部为平台，学生利用课内实训时间和课余时间实际带团，实施工学交替，实现与工作岗位的零距离对接，突出解决问题能力的培养和职业道德培养，养成优良的职业素养。

（三）教学方法与手段改革

1. 重视学生在校学习与实际工作的一致性，以真实的工作任务为载体设计教学过程

在课程建设过程中，本课程组非常重视学生在校学习与实际工作的一致性，在设计教学内容时，充分发挥专业建设指导委员会和万绿湖风景区、万绿湖旅行社的优势，调查旅游行业企业工作岗位所需的能力需求、典型工作任务，分析工作岗位所需的能力、工作任务及工作过程。以实际工作任务设计学习任务，以实际工作过程设计教学过程，突出学习任务的职业情境，保证学生在校学习与实际工作的一致性，实现以真实的工作任务为载体设计教学过程，按照实际工作过程中的知识组织方式来组织课程教学内容。将理论知识分散到各个项目中，知识的学习紧扣项目要求，并在实际工作项目实施过程中进行，将知识与工作任务联系起来，在工作过程中学习知识，用知识指导工作任务的完成，加强学生职业技能的训练和知识的掌握，培养学生的职业素质。

2. 实施课堂与实习地点一体化、教学做结合、工学交替教学模式

本课程依托校内万绿湖旅行社大学城营业部、校园导游培训室的教学资源，让学生在导游培训室上课，课后将校园景点作为学生导游演练的舞台，在教师的指导下，学生通过"校内模拟导游和在旅游景区跟团带团"的实践，培养职业技能，构建导游服务的知识体系。这一过程将课堂与实习地点融为一体，使学生在教中学，在学中做，提高了学生的学习积极性和本课程的教学效果。

3. "以赛促学，以奖促能"的导游能力培养手段

通过每年一次的导游风采大赛，促进学生全面提高导游综合素质。导游大赛邀请河源市各大旅行社、景区负责人、政府公务接待处等专业人员亲临现场，将学生这门课的成绩评定与获奖证书挂钩，以提高学生的竞争意识和学习自主性，大大提高了学生的职业技能。河源职业技术学院旅游管理专业的学生在"国际旅游小姐大赛""河源十佳文明导游评选""校园导游大赛""全国红色导游员选拔赛"中成绩优异，得到旅游行业人士和院校同行的高度评价。

4. 建立旅游专业导游人才库和学生导游能力评价体系

利用万绿湖旅行社大学城营业部和导游培训室的教学资源，以真实的工作任务为依据，根据学生的工作表现建立旅游专业导游人才库，并构建学生导游能力评价体系，根据学生在校园导游部和营业部的工作表现，建立包括四个模块的评价体系，促进学生导游能力的提高。

（四）教学条件建设

1. 校内实训设备与实训环境

河源职业技术学院与万绿湖旅行社共同建设大学城营业部，能够满足课程生产性实训或仿真实训的需要，随着河源职业技术学院实训三期的建设，大学城营业部将进一步完善功能，继续引进天港成旅行社管理软件用于导游实践教学，为旅游专业同学提供更全面、更真实、更多的实践机会。

河源职业技术学院同河源市万绿湖旅行社签署校企合作协议，共同成立万绿湖旅行社大学城营业部。学院投资硬件设备，提供办公场所，并配套建设校园导游部、旅行社实训室、导游培训室等校内实训室；万绿湖旅行社提供管理及相关企业资源，并派顾问与河源职业技术学院师生共同管理。本课程组教师都在营业部兼职，全体学生是营业部的签约导游。教师、学生都在校内生产性实习基地共同学习和成长。旅行社营业部成立近一年来，共组织旅游团265个，派出学生带团、跟团500余人次，充分满足了课程生产性实训的需要。

同深圳市天港成计算机软件有限公司签署软件捐赠协议，引进企业版天港成旅行社信息管理软件用于导游实践教学。旅行社管理软件实践教学课程开出率100%，课程的社会应用价值很高。

本课程的实训室都是按照企业实际的工作现场进行布置的，同时使用了国内最先进的设备和软件，实现了实训室的高度仿真化，很多项目还实现了学生就业无须岗前培训的"直通式"模式。大部分课程都有实训内容，这些实训内容都能在不出校门的情况下完成。

目前，河源职业技术学院除万绿湖旅行社大学城营业部外，还建有旅行社办公实训室、导游培训室、酒店前厅实训室、中餐实训室。

万绿湖旅行社大学城营业部和校园导游部的任务是组织实践教学。导游实训室使用全真的屏幕、三维模拟景点，旅行社办公实训室则借助企业版旅行社管理软件开展计调业务实训，实训室教学设施完全能够满足本课程的实操教学需要，实操项目开出率达到了100%，学生的实操参与完成率在98%以上。

良好的校内实践教学环境有效地满足了"导游业务"课程的教学需要，对于促进专业教学质量的提高和学生专业技能及应用能力的提升都具有十分突出的作用。

由于旅游管理专业主要课程都采用教学做一体化教学模式，这些课程都安排在实训室上课，实训室及设备利用率较高，各实训室近3个学期的使用率为95.4%。

2. 校外实习基地的建设与利用

经过几年的努力，旅游管理专业建设了河源万绿湖风景区发展总公司、万绿湖旅行社、广州南湖国际旅行社有限公司、河源假日酒店等16个校外实训基地。在此基础上将进一步发展新的校外实习基地，为专业学生提供更多、更好的实践机会。校外实训基地涵盖了景区、旅行社、酒店等河源主要旅游企业，在地域上以河源为主，兼顾珠三角旅游业发达地区。布点合理、功能明确、运行良好，能为课程的实践教学提供真实的工作环境，满足实践教学需要。此外，作为校外实训基地的企业纷纷录用本专业学生，截至目前，旅游管理专业毕业生遍布各主要校外实训基地，是这些企业的骨干力量。

本专业建设的河源万绿湖风景区发展总公司、河源万绿湖旅行社有限公司、河源假日酒店等校外实训基地都是河源旅游行业中的龙头企业，这些企业运行良好，除正常参观、实习外，还接收本专业大量学生进行假期社会实践活动。学生可以采用顶岗实习等方式参与工作，了解企业实际，体验企业文化。

（五）课程资源建设

目前河源职业技术学院已经按照网络资源库的建设要求陆续将课程教学录像、课程案例、课程教学资料、试题库、视频资料、旅游行业法律法规等上传至"导游业务"网络课程。希望通过2年的基本资源库与拓展资源库建设完善课程资源库。充分利用专业资源库平台，建设课程基本资源库、拓展资源库，突出导游仿真教学实训资源、在线考试资源库的建设。充分利用行业、企业资源，建设课程专家讲座资源库、校内专任教师课程录像资源库，加强在线答疑、在线论坛等互动平台建设。

1. 基本资源库清单

"导游业务"课程基本资源库清单如表 3-2 所示。

表 3-2 "导游业务"课程基本资源库清单

基本资源	主要建设内容
课程介绍	课程性质与作用 课程设计的理念与思路 "导游业务"课程标准
教学大纲	"导游业务"课程教学大纲 "导游业务"课程实训大纲
教学日历	"导游业务"课程教学进度表 "导游业务"能力训练项目单
教案或演示文稿	第一单元 导游职业素养 第二单元 导游前期准备工作 第三单元 导游实际上团 第四单元 导游后续工作
重点难点指导	"导游业务"课程国导考试难点 "导游业务"学习重点解析 "导游业务"学习难点解析
教学录像	俞彤老师教学录像 张颖老师教学录像和实践教学录像 曾惠华老师教学录像 杨红霞老师全程教学录像 胡晓晶老师教学录像 朱智老师教学录像
作业	导游常规带团服务技巧考核题 "导游业务"模拟试卷 各单元练习题
参考资料目录	旅游政策法规大全 旅游法 旅行社管理条例

2. 拓展资源库清单

"导游业务"课程拓展资源库清单如表 3-3 所示。

表 3-3 "导游业务"课程拓展资源库清单

拓展资源	主要建设内容
案例库	法纪篇典型案例 服务篇典型案例 购物篇典型案例 交往篇典型案例 酒店篇典型案例 用餐篇典型案例 心理篇典型案例 行路篇典型案例 伤病篇典型案例 游览篇典型案例
专题讲座库	近三年校外行业专家讲座 超星名师讲坛
素材资源库	国内主要景区景点导游词 导游讲解视频 主要旅游城市宣传片 各地民俗介绍片 国内外旅游城市风景电子书 旅游目的地相关歌曲及影片
实验/实训/实习资源	万绿湖旅行社大学城营业部 导游教学实训仿真系统 天港成旅行社信息管理软件 16 家校企合作校外实训基地
学科专业知识检索系统	河源职业技术学院图书馆 http://tsg.w2.hycollege.net 中国知网 http://www.cnki.net 万方数据知识服务平台 http://www.wanfangdata.com.cn 超星汇雅电子书 http://hn.sslibrary.com 广东省旅游发展研究中心 http://gdtsc.blog.sohu.com
演示/虚拟/仿真实训（实习）系统	导游教学实训仿真系统 天港成旅行社信息管理软件
试题库系统	"导游业务"试题库 "导游业务"技能鉴定题库 "导游业务"练习题汇总

续表

拓展资源	主要建设内容
作业系统	"导游业务"网络教学平台——作业列表
在线自测/考试系统	"导游业务"网络教学平台——在线测验考试 河源职业技术学院网络考试系统
课程教学、学习和 交流工具	"导游业务"网络教学平台——交流论坛 "导游业务"网络教学平台——在线答疑 河源职业技术学院实践教学管理系统
网络课程	"导游业务"网络教学平台

三、保障措施

课程建设是高等学校教学工作的基础和教学质量的根本保证,也是教学改革的重点和难点。为进一步加强学校课程建设,推动学校教学改革的深化,河源职业技术学院结合学校实际,出台了一系列措施,主要体现在以下几个方面。

(一) 制度保障

学校先后出台了《河源职业技术学院课程建设管理实施办法》《河源职业技术学院精品课程建设实施办法》《河源职业技术学院"做学教"一体化课程教学实施评定工作管理程序》《河源职业技术学院"双师"素质管理条例》等,从课程建设、实训实践、教材建设、师资培养、创新工程等多方面、全方位地给予保障。

(二) 资金保障

学校对精品资源共享课程的建设,给予了一定的建设经费,并将其纳入学校年度预算。其主要用于课程基本建设,用于师资培训、购置图书资料、计算机辅助教学软件、进行 CAI 课件开发、教学大纲编写、教材和教参资料编写、题库建设、参加学术会议及组织课程检查评估等有关开支。学校还指定一间专门教室,用于精品课程的全程录像。

（三）技术保障

为保证网站的正常运行，让师生使用精品资源共享课程，学校信息中心配置全新服务器并配备专人对网站进行管理维护，保证精品资源共享课程网络正常对外服务工作。

（四）人员保障

1. 成立了课程建设的组织领导机构

学校课程建设的组织机构依托河源职业技术学院教学指导委员会，校长为教学指导委员会主任，办公室设在教务处。主要负责全校精品资源共享课程的统筹、规划、过程管理、验收等工作，保证课程建设工作的顺利进行。

2. 成立了教学指导、监督机构

为提高教学质量，经学校研究由专家、教授组成校级督导委员会，各二级学院下设二级督导委员会随时检查、指导教学工作，各专业成立专业指导委员会，对专业发展的重大问题进行调查研究，为专业教学的发展提出意见和建议；指导和推动课程、师资、教材、实验实训等教学建设和教学改革，促进教学质量不断提高。

3. 成立了精品资源共享课程建设队伍

计算机技术人员、现代教育技术人员、教务处领导、二级学院领导、教研室主任和专业教师等组成了课程建设队伍，从人力上确保具体工作的落实。

（五）对于获得精品资源共享课程的课程组予以奖励

《河源职业技术学院课程建设管理实施办法》提出，对获得精品课的课程组人员给予如下奖励：①省级精品资源共享课程申报成功，奖励课程组2万元；②国家级精品资源共享课程申报成功，奖励课程组4万元；③团体人员记工作业绩并在技术职称评定中优先考虑。

第二节　"旅行社计调业务"国家级在线精品课程标准

一、整体设计

（一）课程信息

课程归口：旅游管理。

课程代码：GS081209。

学时数：54。

学分：3。

前续课程：旅游概论、全国导游基础知识、旅游政策法规等。

后续课程：旅游市场营销、专业实习。

（二）课程地位与任务

1. 课程在课程体系中的地位

"旅行社计调业务"是旅游管理专业的一门核心课程，是学生从事计调工作必须掌握的课程之一。课程为旅游管理专业高素质技能型人才的培养目标服务，在前续课程的基础上，通过对计调操作过程及岗位进行分析，进一步培养学生的旅行社组团型、接待型、专线型、散客型计调操作能力，为后续课程打下旅游行业信息处理等方面的基础。

2. 课程的基本任务

本课程对应旅行社计调岗位，依托旅行社计调鲜活案例、旅行社典型训练项目、旅行社管理软件，旨在培养旅游管理专业学生的旅行社产品计划与调度的岗位专用能力，拓展学生旅游行业信息处理及管理的通用能力，注重计调知识的学习，渗透职业素养目标，为专业后续课程奠定基础。

（三）课程目标

1. 课程目标设计的依据

"旅行社计调业务"课程是在对人才市场充分调研的基础上，由专业建设指导委员会和多家实习基地充分论证，并对人才需求及旅游企业的岗位能力进行全面深入的分析，结合河源职业技术学院教学资源的支撑能力而确定的。本课程通过对企业一线计调岗位的专项调研及全面分析，依据旅行社计调工作任务、职业能力及旅游咨询师职业标准设计技能目标、知识目标、素质目标。课程目标设计思路如图3-1所示。

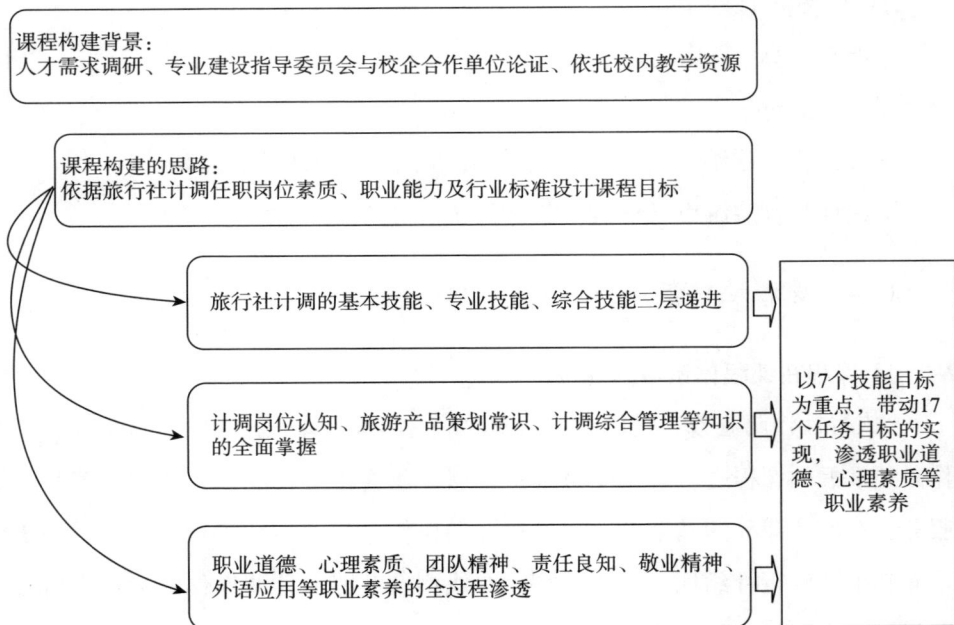

图 3-1　课程目标设计思路

2. 技能目标

（1）能掌握旅行社操作链中计调的地位、分类、岗位细分和功能等。

（2）能与饭店、车队、餐饮、景区、定点商店及保险公司进行旅游产品信息沟通。

（3）能与同行建立及维护旅游产品供应关系网，进行采购与谈价；能根据游客、旅行社需求，设计主题公园旅游线路。

（4）能协助业务人员谈团，具备团队计划操作能力。

（5）能根据需求，进行团队计划的编制、接收、发送、确认、更改、归档。

（6）能完整地实施团队质量监控。

（7）能对旅游行程进行合理管理：①导游管理；②内部计价、对外报价；③团队核算。

（8）能根据旅行社要求，进行游客档案管理、客户反馈、团队统计。

（9）理解旅行社软件的产生与发展，能使用旅行社管理软件进行旅游产品计划与安排及人员的有效沟通。

3. 知识目标

（1）了解计调的岗位职责、规范流程、地位等。

（2）掌握团队策划与管理的内涵、要求及方法。

（3）掌握团队审核与发送的理论与方法，掌握主题公园旅游线路设计的内涵与技巧、发展历程与类型。

（4）掌握订房、订车、订餐、订票等采购常识。

（5）了解保险与签证分类、导游规范管理知识。

（6）掌握地接业务、组团安排的基本程序。

（7）掌握派团与盯团最新运作趋势。

（8）了解突发事件处理流程。

（9）掌握团队结算分类、程序及方法。

（10）掌握团队档案管理的内涵与要求。

4. 课程思政目标（素质目标）

（1）培养学生高尚的职业道德。

（2）培养学生良好的旅游服务心理素质。

（3）培养学生爱岗敬业、乐于奉献的精神。

（4）培养学生团队精神、责任良知。

（四） 学情分析

1. 学生特点

（1） 个性特点鲜明。"95 后"学生易接受新事物，思维活跃，有创新意识；动手能力强，喜欢互动课堂；大部分主见强，喜欢彰显个性；喜爱使用智能手机等通信工具，具备基本的电脑操作技能。

（2） 具有一定的专业知识。通过一年多的专业学习，学生初步具备旅游管理专业基础知识，但缺少专业实践活动，因此缺乏实践经验；此外，授课学期正好是学生备考全国导游人员资格考试阶段，学生普遍处于高压状态。

2. 教学对策

（1） 针对学生个性鲜明、思维活跃、爱互动表现的教学情况。遵循因材施教、行动导向的教学理念，交互使用多种教学方法，营造互动课堂氛围，利用任务驱动，启发学生动脑动手，多给学生提供自主发挥的展现舞台，尊重学生的意见，对学生的展示进行中肯点评。

（2） 针对学生热衷网络电子设备的教学情况。采用混合式教学模式，借助网络学习平台、微助教等优化教学过程，让新生代手机党主动从刷微博、微信转为参与答题和课堂互动，把手机转变为"互联网+"时代活跃课堂的好助手，开发成套微课、在线测试等供学生进行课前预习、课中辅助及课后巩固，帮助学生充分利用碎片化时间进行学习。课后通过网络平台加强与学生的互动交流，增强学生、教师、课程之间的黏性。

（3） 针对学生缺乏实践经验的教学情况。设计符合行业现实的情景案例、实训项目、小组任务等，使用各项任务驱动课程，引导学生进行旅游产品设计、案例分析，解决实际问题。

（4） 针对学生压力较大的教学情况。采用轻松活泼的课堂呈现方式，多鼓励肯定学生建立平等、互助、友爱的关系，营造积极、健康、融洽的课堂氛围。

（五）课程内容说明

1. 课程内容组织思路

总体设计思路是以旅行社计调工作技能为中心，以知识传授为主要特征，转变课程内容组织形式，并让学生在完成旅行社计划与调度岗位具体项目的同时，注重构建计调理论知识体系，培育旅游行业发展素养。课程设计以旅游团队计划与调度的操作过程为线索进行，课程内容突出对学生旅行社计调岗位职业能力的训练，并融合了知识、技能和职业态度的要求。

对课程进行体系改革，在计调理论知识内容的基础上，结合旅行社的案例与项目、旅行社操作实训项目、旅行社管理软件等项目式教学内容，充分利用多年来教学积累的素材，进一步加强以学生体验为主的互动式教学内容编写，并加入了双语教学的元素。

2. 课程实践载体设计

（1）实践载体说明。为使学生掌握旅游团队计划操作等专业能力所需的知识与技能，本课程以实战式教学模式为主，注重学生实际工作能力的培养，依托天港成旅行社管理软件，以万绿湖旅行社大学城营业部为平台，以旅游考察团产品的计划与调度为载体，贯穿于课程体系中，创建 5 个项目模块、12 个子任务驱动项目化教学，训练学生旅行社综合计调业务能力。

课程设计采用项目驱动型教学方法，分为任务目标、案例引入、提出问题、相关知识、项目实训、习题与实践、模块小结、知识拓展 8 个模块，以模块为基本单元，以完成项目的过程为主线，将知识点和技能点穿插其中。在教学过程中强调知识的实用性，充分体现了职业教育"教学做一体化"的原则。根据学生的认知规律，较好地处理理论和实践、知识和能力之间的关系。课程遵循由实际到理论、由个别到一般、由具体到抽象、由零碎到系统的原则。针对要学的知识和技能，设计出贴近生活和旅行社行业实际的项目任务，在任务中蕴含要学习的基本概念和要求，力求以项目来驱动教学。

（2）课次、训练任务、学时、实施进程分解。课次、训练任务、学时、实施进程分解情况如表 3-4 所示。

表 3-4 旅游产品的计划与调度

综合项目	子项目	课次	课次名称	训练任务	技能目标	知识目标	思政及素质目标	可测结果	学时/周次
					旅游产品的计划与调度				
旅行社计调岗位认知		1	网络信息系统操作	使用个人工作 QQ 号码,加入一个旅游同行 QQ 群,将群名称与号码写出; 使用个人工作 QQ 号码,从旅游同行 QQ 群中下载 1 份行程表,并谈谈个人对计调工作的看法	能掌握旅行社操作链中计调的地位、分类、岗位细分和功能等	了解计调的岗位职责、规范流程等地位	自学能力、与人交流能力、与人合作能力、解决问题能力、信息处理能力、外语应用能力	使用个人工作 QQ 号码,从旅游同行 QQ 群中下载 1 份组团行程表,并谈谈设计线路需要完成的计调流程有哪些; 请绘制地接计调、组团计调作业规程图	6/1~2
		2	计调软件操作	下载计调通软件,注册一个计调通账号,并使用; 列出 3 个最新的旅行社信息管理系统,并对比它们之间的差异	了解旅行社软件的产生与发展,能使用旅行社管理软件进行旅游产品计划与安排及人员的有效沟通	了解计调的岗位职责、规范流程、地位等	信息处理能力、创新能力、外语应用能力	走访本地的几家旅行社,了解它们对信息技术及电子商务的应用,并对应用功能进行调研分析	

122

续表

综合项目	子项目	课次	课次名称	训练任务	技能目标	知识目标	思政及素质目标	可测结果	学时/周次
旅游采购与线路设计		3	订房、订车、订餐、订票	搜索某一旅游城市所有挂星酒店(含五、四、三星)及相关资料;使用携程网查询广州/深圳飞往任意一个旅游城市的航班信息;将机票信息填写在表格内,姓名及身份证号码请填写与自己相邻同学的信息及自己的信息,共2人,只作模拟;登录www.12306.cn注册个人账号,并查询所在城市前往任意一个旅游城市的火车信息;将火车预订信息填写在表格内,姓名及身份证号码请填写与自己相邻同学的信息及自己的信息,共2人,只作模拟;	能与饭店、交通、餐饮、定点景点、保险商店、公司之间进行旅游产品信息沟通	掌握订房、订车、订餐、订票等常识	自学能力、与人交流能力、与人合作能力、解决问题能力、信息处理能力、外语应用能力	填写定点餐厅订餐单、机票预订单、订房单、车单、订单,旅游采购过程中常见问题	12/3~6
		4	办理保险与签证	通过保险等手段最大限度地为游客提供安全保障;掌握旅游管理机构建立应急机制的方法;与保险公司、特约商店等供应商进行	能与饭店、餐饮、交通、定点景点、商店、保险	了解保险与签证分类	与人交流能力、与人合作能力、解决问题能力、外语应用能力	旅游团队保险合同书签订、名单确认;旅游特约商店的管理	

续表

综合项目	子项目 旅游产品的计划与调度							
课次	课次名称	训练任务	技能目标	知识目标	思政及素质目标	可测结果	学时/周次
		具体产品信息沟通；根据需求，进行保险等业务的编制、接收、发送、更改、确认，归档；运用天港成旅行社软件，进行采购档案管理	公司之间进行旅游产品信息沟通				
5	主题公园旅游线路设计	运用信息化教学手段，在课前对主题公园游客消费意向进行调研，对主题公园类型进行甄别，以"长隆欢乐世界"为例进行旅游行程主题设计；课中创新性学习旅游景区沉浸式体验、天港成旅行社软件计价与核价、旅游行程海报富媒体设计，对学生作品进行分组展示，师生在线评价，开展旅游线路推广活动；课后通过"知识点游戏"进行主题公园知识巩固	能根据游客、旅行社需求，设计主题公园旅游线路；能利用天港成旅行社软件进行线路计价与报价以及行程导出；能利用图片编辑工具及二维码生成平台进行旅游海报设计	掌握主题公园线路设计的内涵与技巧，主题公园发展历程与主要类型等	具有良好的职业道德、规范操作意识；具有团队合作意识；认知工匠精神的重要内涵，培养学生经世济民、诚信服务、德法兼修的职业素养	针对长隆欢乐世界主题公园进行旅游线路设计实操，实战演练旅行社行程设计，产品报价、海报策划等	6/7~8

续表

综合项目	子项目	课次	课次名称	旅游产品的计划与调度					
				训练任务	技能目标	知识目标	思政及素质目标	可测结果	学时/周次
	团队行程安排及单项委托	6	制定团队计划	团队行程安排，主要是计调人员通过掌握合作社等采购资讯，根据团队团或地接团的基本流程、导游的特点，进行团队计划操作的行为	能根据需求，进行团队计划的编制、接收、发送、确认、更改、归档	掌握组团安排的基本流程	自学能力、与人交流能力、与人合作能力、解决问题能力、信息处理能力、外语应用能力	编制团队计划	6/9~10
		7	旅游产品计价与报价	根据最新行业情况，尝试对北京双飞6天游（30人成团）进行报价；根据最新行业情况，对一个20人的黄山双卧旅游团进行报价；有一个15人的旅游团去英国旅游8天，英国地接社给出的报价是5980元人（含交通费、餐费、住宿费、导游费、门票费），请根据最新行业情况，排出行程并核算出成本	能对旅游行程进行合理管理：内部计价、对外报价	掌握地接业务相关知识	自学能力、与人交流能力、与人合作能力、解决问题能力、信息处理能力、数字应用能力、外语应用能力	分项报价与整体报价、内部计价与对外报价（加利税）	6/11~12

续表

综合项目	子项目	课次	课次名称	训练任务	技能目标	知识目标	思政及素质目标	可测结果	学时/周次
旅游产品的计划与调度	团队行程安排及单项委托	8	待出发游客编团、制作导游工作单	根据团队情况拟定一份导游监控方案。另外，需设计有团号、线路、游览天数、导游、人数、性别等填写项目的导游工作单，排版整齐实用	具备团队计划操作能力	掌握团队审核与发送的理论与方法	自学能力、与人交流能力、与人合作能力、解决问题能力、外语应用能力	编制接团行程计划表	6/13~14
		9	制定大型团队跟踪表	分小组模拟，设计一项毕业旅游活动，并制定该旅游团队的运行表	能完整地实施团队质量监控	掌握派团与盯团最新运作趋势	与人交流能力、与人合作能力、解决问题能力、信息处理能力、外语应用能力	编制旅游服务质量跟踪调查表	6/15~16
	团队质量监控与突发事件处理	10	处理计划变更、突发事件	对当地旅行社进行实地考察，了解旅行社相关人员处理突发事件的能力	能对旅游行程进行合理管理、团队活动的应变处理	了解突发事件处理流程	解决问题能力、信息处理能力		

续表

综合项目									
子项目	课次	课次名称	训练任务	技能目标	知识目标	思政及素质目标	可测结果	学时/周次
旅游团队核算与结算	11	核算团队费用	使用个人工作 QQ 号码，从旅游同行 QQ 群中下载 1 份行程表，咨询该同行相关价格，核算此行程的成本、利润	能对旅游行程进行合理管理；导游内部计价、对外报价、团队核算	了解团队结算分类、程序及方法	自学能力、解决问题能力、信息处理能力、创新能力、数字应用能力、外语应用能力	编制旅行社费用结算单；根据行程资料编制一份 "结算通知书"	6/17~18
	12	旅行社计调部盘点	根据旅行社各项资料，绘制客户资料档案电子图表	能根据旅行社要求，进行游客档案管理、客户反馈统计	掌握团队档案管理的内涵与要求	解决问题能力、信息处理能力、数字应用能力、外语应用能力	编制单团服务质量监控表；供应商档案录入表；散客档案表；企业客户档案表	

旅游产品的计划与调度

（六）考核与评价方式设计

1. 考核方式

本课程考核分为形成性考核与终结性考核。考核设计强调技能操作，体现综合应用能力。

考核方案为终结性考核 60%+形成性考核 40%（考勤+训练项目考核）。

2. 形成性考核

本课程的形成性考核选择平时学习考核（包括案例分析、问题讨论时的积极课堂表现）、平时项目作业考核 2 种类型进行，2 种类型的分数比例为：形成性考核成绩=平时课堂表现考核成绩（40%）+平时作业考核成绩（60%）。

训练项目考核标准如表 3-5 所示。

表 3-5　训练项目考核标准

项目编号	考核点及项目分值比	建议考核方式	评价标准			项目成绩比例
			优	良	及格	
1	计调岗位认知（60%）	教师评价+互评	能高效地进行岗位认知与分析	能合理地进行岗位认知与分析	能顺利地进行岗位认知与分析	5%
	网络系统操作及搜索（40%）	教师评价+互评	能规范地进行网络系统操作及搜索	能顺畅地进行网络系统操作及搜索	能基本顺利地进行网络系统操作及搜索	
2	订房、订车、订餐、订票（30%）	教师评价+自评	能高效地进行信息平台演练及采购录入	能顺畅地进行信息平台演练及采购录入	能基本规范地进行信息平台演练及采购录入	16%
	办理保险与签证（15%）	教师评价+互评	能准确地分析保险与签证案例	能合理地分析保险与签证案例	能基本合理地分析保险与签证案例	

项目编号	考核点及项目分值比	建议考核方式	评价标准			项目成绩比例
			优	良	及格	
	签订团队供应商合约书（15%）	教师评价+自评	能规范地进行团队合约书制定与签署	能合理地进行团队合约书制定与签署	能基本合理地进行团队合约书制定与签署	
	单项委托（40%）	教师评价+互评	能自主进行商务与自由行拓展训练	能合理地进行商务与自由行拓展训练	能基本顺利地进行商务与自由行拓展训练	
	主题公园旅游线路设计（45%）	教师评价+互评	能自主进行主题公园旅游线路设计、产品报价、海报策划等	能合理进行主题公园旅游线路设计、产品报价、海报策划等	能基本顺利地进行主题公园旅游线路设计、产品报价、海报策划等	
3	制定国内游团队计划（25%）	教师评价+互评	能准确无误地制定团队计划书	能准确地制定团队计划书	能基本准确地制定团队计划书	19%
	编排标准行程（25%）	教师评价	能优秀地完成行程制作	能良好地完成行程制作	能合格地完成行程制作	
	待出发游客编团（25%）	教师评价+自评	能规范合理地编制游客名单	能规范编制游客名单	能基本规范地编制游客名单	
	编制导游工作单（25%）	教师评价+互评	能规范地制作出团通知书/导游日志	能较为规范地制作出团通知书/导游日志	能基本规范地制作出团通知书/导游日志	
4	制定地接计划（60%）	教师评价+互评	能合理地对行程进行分析	能按规定对行程进行分析	能基本规范地对行程进行分析	14%
	输入单团报价单（20%）	教师评价+互评	能对团队进行准确规范的报价核算	能对团队进行规范的报价核算	能对团队进行准确的报价核算	

项目编号	考核点及项目分值比	建议考核方式	评价标准			项目成绩比例
			优	良	及格	
	编制、确认与发送报价单（20%）	教师评价	能准时准确地对传真件文本制作	能准确地对传真件文本制作	能基本准确地对传真件文本制作	
5	制作系列团队跟踪表（20%）	教师评价+互评	能优秀完成课程任务实战	能准确完成课程任务实战	能完成课程任务实战	18%
	安排地接、拼团业务（20%）	教师评价+互评	能合理地以实际带团的角色进行旅行社接团过程情景模拟	能以实际带团的角色进行旅行社接团过程情景模拟	能基本以实际带团的角色进行旅行社接团过程情景模拟	
	拼团、团购（10%）	教师评价+自评	能进行优秀的同业操作	能进行合理的同业操作	能基本进行同业操作	
	处理计划变更、突发事件（30%）	教师评价+互评	能合理地进行旅游团队案例分析	能规范地进行旅游团队案例分析	能基本合理地进行旅游团队案例分析	
	派遣导游（20%）	教师评价	能对导游进行全面管理	能对导游进行基本管理	能对导游进行初步管理	
6	核算单团费用（20%）	教师评价+互评	能规范地进行账单审核	能合理地进行账单审核	能基本合理地进行账单审核	16%
	管理导游报账（20%）	教师评价+互评	能高效地编制团队结算单	能合理地编制团队结算单	能基本合理地编制团队结算单	
	统计报表（20%）	教师评价+自评	能准确无误地进行单团核算与统计	能准确地进行单团核算与统计	能基本准确地进行单团核算与统计	
	处理购物及小费（40%）	教师评价+互评	能对特约商店进行全面管理	能对特约商店进行基本管理	能对特约商店进行初步管理	

项目编号	考核点及项目分值比	建议考核方式	评价标准			项目成绩比例
			优	良	及格	
7	反馈团队进度（30%）	教师评价+自评	能制定优秀的团队意见书	能制定良好的团队意见书	能制定合格的团队意见书	12%
	整合散客资源（40%）	教师评价+互评	能对散客旅游项目进行优秀的策划	能对散客旅游项目进行良好的策划	能对散客旅游项目进行合格的策划	
	完成售后服务（30%）	教师评价+互评	能对客户关系案例进行合理规范的分析	能对客户关系案例进行合理的分析	能对客户关系案例进行规范的分析	
合计						100%

注：在各项目考核过程中要注意考核工作与职业操守、学习态度、团队合作精神、交流及表达能力、组织协调能力等内容。

3. 终结性考核

（1）运用计调综合知识及天港成旅行社软件，设计一份教师国内旅游考察的创新型行程方案，并附详细线路策划方案与报价分析、预期利润、推广计划。

综合实务考试评分标准如表3-6所示。

表3-6 综合实务考试评分标准

项目名称	考核点	建议考核方式	评价标准				项目成绩比例
			优（90%~100%）	良（80%~90%）不含上限	及格（60%~80%）不含上限	不及格（60%以下）	
设计教师国内旅游考察的创新型行程方案，并附详细线路策划方案与报价分析、预期利润、推广计划	运用旅行社计调业务知识进行综合设计	教师评分	行程设计合理、价格明确、可操作性强	行程设计较为合理、价格较为明确、可操作性较强	行程设计一般、价格较为正确、操作性一般	内容混乱，无法实施	100%

（2）理论知识考试试题应由各课程教师在理论知识考试试题库中随机抽取题目组合而成，试题库按照题目类型主要分为选择题、判断题，难度系数归类及详细说明如表3-7所示。

表3-7 课程考核命题双向细目

教学单元	题型						分数合计
	选择			判断			
	库中题数	组卷题数	组卷分数	库中题数	组卷题数	组卷分数	
计调岗位认知	30	2	2	20	2	2	4
网络系统及搜索能力培训	30	2	2	20	2	2	4
订房、订车、订餐、订票	30	2	2	20	2	2	4
办理保险与签证	30	2	2	20	2	2	4
签订团队供应商合约书	30	2	2	20	2	2	4
单项委托	30	2	2	20	2	2	4
主题公园旅游线路设计	30	2	2	20	2	2	4
制定国内游团队计划	30	2	2	20	2	2	4
编排标准行程	30	2	2	20	2	2	4
待出发游客编团	30	2	2	20	2	2	4
制作导游工作单	30	2	2	20	2	2	4
制定地接计划	30	2	2	20	2	2	4
输入单团报价单	30	2	2	20	2	2	4
编制、确认与发送报价单	30	2	2	20	2	2	4
制定系列团队跟踪表	30	2	2	20	2	2	4
安排地接、拼团业务	30	2	2	20	2	2	4
拼团、团购	30	2	2	20	2	2	4
处理计划变更、突发事件	30	2	2	20	2	2	4
派遣导游	30	2	2	20	2	2	4
核算单团团队费用	30	2	2	20	2	2	4
管理导游报账	30	2	2	20	2	2	4
统计报表	30	2	2	20	2	2	4

续表

教学单元	题型						分数合计
	选择			判断			
	库中题数	组卷题数	组卷分数	库中题数	组卷题数	组卷分数	
处理购物及小费	30	2	2	20	2	2	4
反馈团队进度	30	2	2	20	2	2	4
整合散客资源	15	1	1	10	1	1	2
完成售后服务	15	1	1	10	1	1	2
合计	750	50	50	500	50	50	100

注：每道选择题或判断题的分值为1分。

（七）网络资源及信息技术运用

1. 网络资源

"旅行社计调业务"超星学银在线——省级金课平台：https://www.xueyinonline.com/detail/218805076。

课程基本资源主要包括：课程介绍、教学文件、教案与演示文稿、教学团队介绍、教学录像（含微课、动画）、教学案例、试题库等，其中包括课程标准、视频案例，文字案例、电子课件、教学图片、VR全景、知识点游戏等，做到课程内容的丰富性和与时俱进。

课程拓展资源主要包括专题讲座库、素材资源库、实验/实训/实习资源、学科专业知识检索系统、学习网站、作业系统、课程教学和交流工具、网络课程、参考书等，有效地满足了学生自主学习、在线学习、在线测试及拓展学习的需求。

2. 信息技术运用

在传统多媒体教学的基础上，积极实施混合教学模式，借助超星泛雅及学习通、得实网络学习平台、微助教等优化教学过程，让新生代手机党主动从刷微博、微信转变为刷超星学习通、参与答题和课堂互动，把手机转变为"互联网+"时代活跃课堂的好助手，实现移动式教学应用，开发成套微课、在线测试等，上线超星泛雅慕课平台，供学生进行课前预习、课中辅助以及课后巩固，帮助学生充分利用碎片化时间进行学习。同时，课后通过网络平台加强与学生的互动交流，增强学生、教师、课程的黏性。

（八）其他教学资源

1. 师资队伍

本课程拥有专业理论知识深厚、企业实践经验丰富的专兼职结合的"双师型"教学团队，整体素质高，科研能力强，教学经验丰富。课程组由 7 位教师组成，负责人张颖老师主要负责"旅行社计调业务"省级精品在线开放课程的设计与组织实施，以及开展日常教学活动，多次教学考评优秀。近年来，课程组成员主编教材 5 部，发表论文 40 多篇，建成省级精品资源共享课程 2 门，省级精品在线开放课程立项 1 门，校级精品课程 3 门，校级优质课程 9 门，合格课程多门。主持或参与国家、省级、市级课题 21 项，校级课题 6 项，多人多次获得年度教学质量优秀奖、优秀教师等荣誉称号。

2. 实践教学条件

为了增强学生对职业岗位的适应性，实现学生对未来岗位的零对接，学校利用整周实训或第二课堂时间，安排学生到万绿湖旅行社大学城营业部和校外实训基地实习，为学生安排实践实习指导教师，专业教研室进行跟踪，保证了学生的实习效果。

（1）校内实训设备与实训环境。为了培养和提高学生的职业能力，本课程充分运用校内实训环境，包括导游培训室、万绿湖旅行社大学城营业部等。

（2）校外实习基地的建设与利用。经过几年的努力，旅游管理专业建设了东莞市青年国际旅行社、东莞市东华国旅、河源万绿湖风景区、广州长隆欢乐世界等 16 个校外实习基地。校外实习基地涵盖了景区、旅行社、酒店等河源主要旅游企业，地域上以河源为主，兼顾珠三角旅游业发达地区。布点合理、功能明确、运行良好，能为课程的实践教学提供真实的工作环境，满足了半年以上顶岗实习的需要。此外，作为校外实习基地的企业纷纷录用本专业学生，到目前为止，旅游管理专业毕业生遍布各主要校外实习基地，是这些企业的骨干力量。

3.教材及参考资料

（1）教材（富媒体教材）。

由张颖主编，2018 年由东北财经大学出版社出版的《旅行社计调业务》。

（2）参考书。

由姜若愚、蒋文中、仇学琴编著，云南民族出版社出版的《旅行社计调部管理实务》；由谢苏编著，高等教育出版社出版的《旅游服务与管理专业综合实习》；由周晓梅主编，旅游教育出版社出版的《计调部操作实务》；由孙萋编著，上海交通大学出版社出版的《旅行社计调业务》。

（九）课程设计与教学体会

课程采用混合教学、翻转课堂等教学模式，课堂上综合运用参与式教学、项目式教学、研讨式教学等方法，采用小组头脑风暴、影音图文资料观摩、典型案例分析、旅游产品实例、旅行社管理软件实训、小组挑战任务 PK 等方式，注重适应与调整学生实际学习与接受能力，最大程度地调动学生参与课堂的积极性与主动性。

运用超星学银在线建立"旅行社计调业务"慕课平台，平台具有图书资源的核心优势，可将超星图书资源链入课程学习内容中。课程具有超星云盘、成绩统计、活跃学生等实用功能和远程直播功能，以及克隆与映射功能。慕课移动端学习（超星学习通）可实现与 PC 端同步；可实现线上线下教学，操作简便，容易上手。

二、单元设计

本项目以万绿湖旅行社大学城营业部为平台，以河源职业技术学院教师旅游考察团产品的计划与调度为载体。教师在具体实施过程中也可以其他企业真实项目为教学载体，但须承载本课程标准规定的能力和知识目标。以下单元设计仅供参考。

（一）项目一：计调岗位认知

计调岗位认知情况如表 3-8 所示。

表 3-8　计调岗位认知

课次	1	课次名称	项目一 计调岗位认知	课时	6 学时
	技能目标		知识目标	素质目标	
教学目标	能掌握旅行社操作链中计调的地位、分类、岗位细分和功能等		了解国内外旅行社的产生与发展； 掌握旅行社计调职业产生与发展趋势； 了解计调的发展历程及岗位职责、规范流程、地位	具有良好的职业道德、规范操作意识； 培养学生爱岗敬业、乐于奉献的精神	
重点和难点	重点：通过简要的课程介绍掌握旅行社计调概述、分类； 难点：掌握旅行社的发展、计调岗位的细分、工作职责与流程				
教学准备	天港成旅行社管理软件，手机； 超星泛雅、学习通； 微课、720°VR 全景视频、桂林旅游宣传片等				
	任务 1　旅行社的产生与发展				
教学进程	教学内容		信息化手段应用说明	教学方法和手段	时间分配
课前	学生通过超星泛雅平台学习旅行社的产生与发展微课程； 学生在线答题		利用超星平台统计、分析学生学习情况	通过超星泛雅平台、学习通平台进行在线学习	
考勤	通过学习通平台进行考勤		利用平台手势进行考勤	信息化教学手段	1 分钟
检查与回顾	通报学生学习微课情况（平台自动统计）； 作业点评		根据平台数据统计功能通报学生学习微课情况； 通过手机端点评学生作业	信息化教学手段	5 分钟

续表

任务导入	请大家根据以上资讯思考两个问题： 如何理解旅游业已经进入"大众旅游"时代； 为何线上线下旅行社存在一定的差异性	通过学习通平台发起群聊，进行任务研讨	采取学习通平台研讨式教学、信息化教学手段	9分钟
学一学	国外旅行社的产生与发展： ①近代旅游时期的世界旅行社（19世纪中晚期）； ②旅行社的初步发展期（20世纪初中期）；③大众旅游时代的旅行社（20世纪中晚期）；④新经济时代的旅行社（从20世纪90年代开始至今） 我国旅行社的产生与发展： ①行政事业体制时期（1949—1978年）；②市场化与开放化职能转变时期；③国际化、集团化、网络化发展时期；④移动互联及旅游目的地服务时期	利用学习通平台的选人、抢答、小组任务等方式进行现场提问与互动，现场给分（0～10分），用平台记录成绩	利用学习通平台进行项目式教学，研讨式教学； 小组讨论法	45分钟
知识点链接	世界近代旅游业之父和创始人	通过学习通平台发布视频链接	视频教学法； 信息化教学手段	5分钟
小练习	国外旅行社的产生与发展分为几个时期； 自2010年以来，旅行社业面临的市场环境有哪两个突出变化	通过学习通平台进行测验，实时检测学习效果	测验法	10分钟
案例分享	请结合本案例分析，个性化旅游服务在东莞青旅的体现	东莞青旅订制式720° VR全景视频教学	案例研讨法； 采用720°VR视频教学	10分钟

总结与职业习惯训导	小结本次课的主要内容；说明下一次课的主要内容，提醒学生观看下次课的微课；发布项目任务作业；提醒学生关闭电脑及电源；要求学生完成现场清扫工作，教师检查	通过学习通平台发布作业	信息化教学手段	5分钟
课后	学生通过学习通平台学习课程资源，进行知识内化和拓展；学生上传作业	利用学习通平台统计学生课后学习情况	利用学习通平台资源进行在线学习与作业提交	

<table>
<tbody>
<tr><td colspan="5" align="center">任务2　计调部与计调业务</td></tr>
<tr><td>教学进程</td><td>教学内容</td><td>信息化手段应用说明</td><td>教学方法和手段</td><td>时间分配</td></tr>
<tr><td>课前</td><td>学生通过超星泛雅平台学习计调部与计调业务微课程；学生在线答题</td><td>利用超星平台统计、分析学生学习情况</td><td>通过超星泛雅平台、学习通平台进行在线学习</td><td></td></tr>
<tr><td>考勤</td><td>通过学习通平台进行考勤</td><td>利用平台手势进行考勤</td><td>信息化教学手段</td><td>1分钟</td></tr>
<tr><td>检查与回顾</td><td>通报学生学习微课情况（平台自动统计）；作业点评</td><td>根据平台数据统计功能通报学生学习微课情况；通过手机端点评学生作业</td><td>信息化教学手段</td><td>5分钟</td></tr>
<tr><td>任务导入</td><td>请大家根据资讯思考两个问题：如何理解旅行社计调工作；为何旅行社的转型升级需要计调队伍来支撑</td><td>通过学习通平台发起群聊，进行任务研讨</td><td>采取学习通平台研讨式教学、信息化教学手段</td><td>14分钟</td></tr>
</tbody>
</table>

续表

教学进程	教学内容	信息化手段应用说明	教学方法和手段	时间分配
学一学	我国旅行社计调业务的产生与发展： ①后勤的计调业务；②独立的计调业务；③职能转变的计调业务；④按业务运营环节设置的采购部； 计调部及业务类型： ①计调类型及其业务细分；②组团型计调；③地接型计调； 计调人员的素质要求； 未来我国旅行社计调职业展望	利用学习通平台的选人、抢答、小组任务等方式进行现场提问与互动，现场给分（0～10分），用平台记录成绩	利用学习通平台进行项目式教学。研讨式教学； 小组讨论法	55分钟
案例分享	桂林评出"金牌计调师"，请结合本案例分析，桂林市为什么要举行旅行社计调大赛	通过学习通平台观看《桂林旅游宣传片》	案例研讨法； 视频教学法	10分钟
总结与职业习惯训导	小结本次课的主要内容； 说明下一次课的主要内容，提醒学生观看下次课的计调部与计调业务微课； 发布项目任务作业； 提醒学生关闭电脑及电源； 要求学生完成现场清扫工作，教师检查	通过学习通平台发布作业	信息化教学手段	5分钟
课后	学生通过学习通平台学习课程资源，进行知识内化和拓展； 学生上传作业	利用学习通平台统计学生课后学习情况	利用学习通平台资源进行在线学习与作业提交	
任务3　计调的工作职责与流程				
教学进程	教学内容	信息化手段应用说明	教学方法和手段	时间分配
课前	学生通过超星泛雅平台学习计调的工作职责与流程微课程； 学生在线答题	利用超星平台统计、分析学生学习情况	通过超星泛雅平台、学习通平台进行在线学习	

考勤	通过学习通平台进行考勤	利用平台手势进行考勤	信息化教学手段	1分钟
检查与回顾	通报学生学习微课情况（平台自动统计）； 作业点评	根据平台数据统计功能通报学生学习微课情况； 通过手机端点评学生作业	信息化教学手段	5分钟
任务导入	请大家根据以上资讯思考两个问题： 什么是旅行社计调； 计调与导游工作的区别体现在哪些方面	通过学习通平台发起群聊，进行任务研讨	采取学习通平台研讨式教学、信息化教学手段	9分钟
学一学	旅行社计调的定义； 旅行社计调的职能： ①计划职能；②选择职能；③签约职能；④联络职能；⑤统计职能；⑥创收职能； 旅行社计调的岗位职责： ①旅行社计调工作的核心； ②计调人员的主要职责； ③计调人员的岗位职责； 旅行社计调的工作流程	利用学习通平台的选人、抢答、小组任务等方式进行现场提问与互动，现场给分（0～10分），用平台记录成绩	利用学习通平台进行项目式教学，研讨式教学； 小组讨论法	45分钟
知识点链接	旅行社计调工作的禁忌	通过学习通平台发布视频链接	视频教学法； 信息化教学手段	5分钟
小练习	计调的工作职责是什么； 计调岗位的两大核心是什么	通过学习通平台进行测验，实时检测学习效果	测验法	10分钟
总结与职业习惯训导	小结：计调是旅行社的基础岗位，也是核心岗位； 说明下一次课主要内容，提醒学生观看下次课的微课； 发布项目任务作业； 提醒学生关闭电脑及电源； 要求学生完成现场清扫工作，教师检查	通过学习通平台发布作业	信息化教学手段	10分钟

续表

拓展空间	计调人员的工作任务；旅行社计调核心地位	通过学习通平台发布资料链接	案例教学法；信息化教学手段	5分钟
课后	学生通过学习通平台学习课程资源，进行知识内化和拓展；学生上传作业	利用学习通平台统计学生课后学习情况	利用学习通平台资源进行在线学习与作业提交	

（二）项目二：旅行社计调信息化应用

旅行社计调信息化应用详情如表 3-9 所示。

表 3-9　旅行社计调信息化应用

课次	1	课次名称	项目二旅行社计调信息化应用		课时	6 学时
教学目标		技能目标	知识目标		素质目标	
		掌握旅行社管理软件功能与操作技巧	理解旅行社软件的产生与发展；了解旅行社计调软件的应用技巧与发展趋势		具有良好的职业道德、规范操作意识；培养学生爱岗敬业、乐于奉献的精神；培养学生创新精神	
重点和难点		重点：利用旅行社计调操作软件，有效对接旅游服务供应商、搜索引擎、OTA、电信运营商、旅游资讯及社区网站等在线旅游平台；难点：掌握旅行社软件的产生与发展、旅行社在线操作的综合性计调管理平台				
教学准备		天港成旅行社管理软件，手机；超星泛雅、学习通；微课、720°VR 全景视频等				
任务 1　计调软件的产生与发展						
教学进程		教学内容	信息化手段应用说明		教学方法和手段	时间分配
课前		学生通过超星泛雅平台学习计调软件的产生与发展微课程；学生在线答题	利用超星平台统计、分析学生学习情况		通过超星泛雅平台、学习通平台进行在线学习	

考勤	通过学习通平台进行考勤	利用平台手势进行考勤	信息化教学手段	1分钟
检查与回顾	通报学生学习微课情况（平台自动统计）；作业点评	根据平台数据统计功能通报学生学习微课情况；通过手机端点评学生作业	信息化教学手段	5分钟
任务导入	阅读《风口浪尖上的共享旅游与智慧旅游》，请大家根据以上资讯思考两个问题："智慧旅游"对旅游信息化意味着什么；旅游业应该如何推动"智慧旅游"的发展	通过学习通平台发起群聊，进行任务研讨	采取学习通平台研讨式教学、信息化教学手段	9分钟
学一学	电子旅行社的产生与发展；旅行社管理信息系统和网上组团系统；旅游信息处理在旅行社管理软件中的应用：①团队操作；②客户档案系统；③旅游产品维护；④财务操作；⑤票务操作；⑥权限管理；旅行社管理软件中的计调子系统	利用学习通平台的选人、抢答、小组任务等方式进行现场提问与互动，现场给分（0~10分），用平台记录成绩	利用学习通平台进行项目式教学，研讨式教学；小组讨论法	45分钟
知识点链接	区块链技术	通过学习通平台发布视频链接	视频教学法；信息化教学手段	5分钟
课堂活动	实地调研：走访本地的几家旅行社，了解它们对信息技术及电子商务的应用，并对应用效果进行调研分析	通过学习通平台发布实地调研项目单、开展项目调研	调研法	100分钟

案例分享	案例：区块链暂时不会冲击在线旅游市场。请结合本案例分析，区块链技术对旅游业网络化管理有什么好处	区块链视频教学	教学研讨法；视频教学法	10分钟
总结与职业习惯训导	小结本次课的主要内容；说明下一次课的主要内容，提醒学生观看下次课的微课；发布项目任务作业；提醒学生关闭电脑及电源；要求学生完成现场清扫工作，教师检查	通过学习通平台发布作业	信息化教学手段	5分钟
课后	学生通过学习通平台学习课程资源，进行知识内化和拓展；学生上传作业	利用学习通平台统计学生课后学习情况	利用学习通平台资源进行在线学习与作业提交	

任务2　计调软件的分类与应用				
教学进程	教学内容	信息化手段应用说明	教学方法和手段	时间分配
课前	学生通过超星泛雅平台学习计调软件的分类与应用微课程；学生在线答题	利用超星平台统计、分析学生学习情况	通过超星泛雅平台、学习通平台进行在线学习	
考勤	通过学习通平台进行考勤	利用平台手势进行考勤	信息化教学手段	1分钟
检查与回顾	通报学生学习微课情况（平台自动统计）；作业点评	根据平台数据统计功能通报学生学习微课情况；通过手机端点评学生作业	信息化教学手段	5分钟

续表

任务导入	阅读《行程规划工具进入3.0时代，成为旅游创业最后一张船票》，请大家根据以上资讯思考两个问题： 行程规划工具的发展经历了哪3个阶段； 旅行社的行程规划类工具如何才能实现真正的个性化	通过学习通平台发起群聊，进行任务研讨	采取学习通平台研讨式教学、信息化教学手段	9分钟
学一学	计调软件的分类： ①office办公软件；②通讯类软件；③邮件首发软件；④计调工具； 计调软件的应用： ①金棕榈旅行社管理软件； ②天港成旅行社管理软件	利用学习通平台的选人、抢答、小组任务等方式现场提问与互动，现场给分（0~10分），用平台记录成绩	利用学习通平台进行项目式教学，研讨式教学； 小组讨论法； 软件操作法	35分钟
专题操作	天港成旅行社管理软件	天港成旅行社管理软件账号登录与个人信息管理	视频教学法； 软件操作法	5分钟
小练习	登录www.hotmail.com网站，创建个人工作MSN账号； 使用个人工作MSN账号，加同班同学或小组组员为好友； 为什么会出现旅行社计调系统管理软件？ 计调的软件应用有哪些？ 旅行社计调系统的应用为旅行社带来哪些方便	通过学习通平台进行测验，实时检测学习效果	测验法	20分钟

总结与职业习惯训导	小结：国内主要旅行社管理软件供应商的概况，旅行社计调信息系统的操作； 说明下一次课的主要内容，提醒学生观看下次课的微课； 发布项目任务作业； 提醒学生关闭电脑及电源； 要求学生完成现场清扫工作，教师检查	通过学习通平台发布作业	信息化教学手段	10 分钟
拓展空间	"智慧旅游"与信息化	通过学习通平台发布资料链接	案例教学法； 信息化教学手段	5 分钟
课后	学生通过学习通平台学习课程资源，进行知识内化和拓展； 学生上传作业	利用学习通平台统计学生课后学习情况	利用学习通平台资源进行在线学习与作业提交	

（三）项目三：旅游采购与线路设计

旅游采购与线路设计详情如表 3-10 所示。

表 3-10 旅游采购与线路设计

课次	1	课次名称	项目三 旅游采购与线路设计	课时	12 学时
教学目标	技能目标		知识目标		素质目标
	能根据需求，进行团队计划的编制、接收、发送、确认、更改、归档； 能与同行、旅游代理商进行旅游产品采购交易，建立采购网络，进行采购管理		掌握团队策划与管理内涵、要求及方法； 了解保险、签证等分类；能与饭店、交通、餐饮、景点、定点商店、保险、签证等供应商进行旅游产品信息沟通		具有良好的职业道德、规范操作意识； 培养学生爱岗敬业、乐于奉献的精神

重点和难点	重点：计调采购服务是计调最基本的业务； 难点：掌握采购交通、食宿、游览、娱乐等单项服务产品的流程			
教学准备	天港成旅行社管理软件，手机； 超星泛雅、学习通； 微课、720°VR全景视频、成都旅游宣传片等			

任务1　旅游采购服务

教学进程	教学内容	信息化手段应用说明	教学方法和手段	时间分配
课前	学生通过超星泛雅平台学习旅游采购服务微课程；学生在线答题	利用超星平台统计、分析学生学习情况	通过超星泛雅平台、学习通平台进行在线学习	
考勤	通过学习通平台进行考勤	利用平台手势进行考勤	信息化教学手段	1分钟
检查与回顾	通报学生学习微课情况（平台自动统计）；作业点评	根据平台数据统计功能通报学生学习微课情况；通过手机端点评学生作业	信息化教学手段	5分钟
任务导入	请大家根据《旅游行程单编写三要点》资讯思考两个问题： 你如何理解《旅游法》第59条规定：旅行社应当在旅游行程开始前向旅游者提供旅游行程单； 旅行社计调必须从哪些方面重视旅游行程单的编写	通过学习通平台发起群聊，进行任务研讨	采取学习通平台研讨式教学、信息化教学手段	9分钟
学一学	接收接待计划和报价； 旅游采购服务的内容： ①交通服务的采购，如航空服务采购、铁路服务采购、水路服务采购、公路服务采购；②采购住宿服务；③采购餐饮服务；④采购参观及景点服务；⑤采购娱乐服务；⑥采购购物商店服务；⑦采购保险服务；⑧采购异地接待服务；	利用学习通平台的选人、抢答、小组任务等方式进行现场提问与互动，现场给分（0~10分），用平台记录成绩	利用学习通平台进行项目式教学，研讨式教学； 小组讨论法	45分钟

	制订接待计划： ①接待计划的内容；②接待计划的制订； 发送计划； 变更接待计划； 落实接待计划； 收款和结算； 业务统计； 旅行社采购业务的管理		
知识点链接	国产大飞机 C919； 《旅游法》对旅游购物的规定； 旅行社安排旅游车应问清楚的问题	通过学习通平台发布视频链接	视频教学法； 信息化教学手段	5 分钟
小练习	利用携程网查询北京/上海/广州飞往任意一个旅游城市的航班信息； 将机票信息填写在相应表内，姓名及身份证号码请填写自己相邻同学的信息及自己的信息，只做模拟； 登录 www.12306.cn 网站注册个人信息，并查询所在城市前往任意一个旅游城市的火车信息； 定点餐厅是什么及如何填写订餐单； 旅游采购过程中常见问题有哪些？如何处理？ 搜索家乡所在城市挂星酒店（含五、四、三星各 1 家）及相关资料。使用相应表格样式排版；	通过学习通平台进行测验，实时检测学习效果	测验法	100 分钟

教学进程	教学内容	信息化手段应用说明	教学方法和手段	时间分配
	景点手册制作（含景区服务项目介绍），搜索至少7个国内主要 AAAAA 旅游景区的介绍，使用规定样式排版提交			
案例分享	请结合《海南旅游团发生食物中毒事件》案例分析，谈谈作为一名计调采购人员，应如何避免食物中毒等事件发生，在采购过程中应该注意哪些问题	食物中毒事件视频教学	案例研讨法；采用720°VR视频教学	10分钟
总结与职业习惯训导	小结本次课的主要内容；说明下一次课的主要内容，提醒学生观看下次课的微课；发布项目任务作业；提醒学生关闭电脑及电源；要求学生完成现场清扫工作，教师检查	通过学习通平台发布作业	信息化教学手段	5分钟
课后	学生通过学习通平台学习课程资源，进行知识内化和拓展；学生上传作业；到所在市区的餐厅、景区、购物商店、酒店等进行旅游模拟采购，并写出书面报告	利用学习通平台统计学生课后学习情况	利用学习通平台资源进行在线学习与作业提交	
任务2　旅游团线路设计				
教学进程	教学内容	信息化手段应用说明	教学方法和手段	时间分配
课前	学生通过超星泛雅平台学习旅游团线路设计微课程；学生在线答题	利用超星平台统计、分析学生学习情况	通过超星泛雅平台、学习通平台进行在线学习	
考勤	通过学习通平台进行考勤	利用平台手势进行考勤	信息化教学手段	1分钟

检查 与回顾	通报学生学习微课情况 （平台自动统计）； 作业点评	根据平台数据统计功能 通报学生学习微课情况； 通过手机端点评学生 作业	信息化教学手段	5分钟
任务 导入	请大家根据《海南大学生 设计别样海南游，业界评 委频频点"赞"》资讯 思考两个问题： 你认为计调员应该如何面 对日新月异的游客需求设 计旅游线路； 旅游线路如何才能更好地 对接市场？如何设计出更 加合理的旅游线路	通过学习通平台发起群 聊，进行任务研讨	采取学习通平台研讨 式教学、信息化教学 手段	14分钟
学一学	旅游线路的概念； 旅游线路的产品特点； 旅游线路的类型； 旅游线路设计的主要 内容； 旅游线路的设计原则； 旅游行程制定的流程； 旅游行程制定的原则； 旅游线路设计实例	利用学习通平台的选 人、抢答、小组任务等 方式进行现场提问与互 动，现场给分（0~10 分），用平台记录成绩	利用学习通平台进行 项目式教学，研讨式 教学； 小组讨论法	55分钟
案例 分享	观看《未来，参加"修 学游"的也许不只是学 生》专题视频，请结合本 案例分析	通过学习通平台收看 《修学游》专题视频	案例研讨法； 视频教学法	10分钟
小练习	旅游线路的设计包括哪些 原则； 根据旅行社组织设计的旅 游方式可以分为_____、 _____、_____等旅游线路；	通过学习通平台进行测 验，实时检测学习效果	测验法	100分钟

	拜访所在城市几家旅行社的计调部，了解一下他们是如何设计出符合大众需求且有创意的旅游线路，并自己尝试重新设计一条旅行线路，要求有自己的想法和创意			
总结与职业习惯训导	小结本次课的主要内容；说明下一次课的主要内容，提醒学生观看下次课的微课；发布项目任务作业；提醒学生关闭电脑及电源；要求学生完成现场清扫工作，教师检查	通过学习通平台发布作业	信息化教学手段	5分钟
课后	学生通过学习通平台学习课程资源，进行知识内化和拓展；学生上传作业	利用学习通平台统计学生课后学习情况	利用学习通平台资源进行在线学习与作业提交	

任务 3　旅游产品询价与计价

教学进程	教学内容	信息化手段应用说明	教学方法和手段	时间分配
课前	学生通过超星泛雅平台学习旅游产品询价与计价微课程；学生在线答题	利用超星平台统计、分析学生学习情况	通过超星泛雅平台、学习通平台进行在线学习	
考勤	通过学习通平台进行考勤	利用平台手势进行考勤	信息化教学手段	1分钟
检查与回顾	通报学生学习微课情况（平台自动统计）；作业点评	根据平台数据统计功能通报学生学习微课情况；通过手机端点评学生作业	信息化教学手段	5分钟

150

续表

任务导入	请大家根据《南湖国旅抢占春节包机市场》资讯思考两个问题：你如何看待包机时代悄然来临；"以传统旅游产品的价格享受个性化主题旅游产品服务"，旅游线路设计与价格方面需要考虑哪些因素	通过学习通平台发起群聊，进行任务研讨	采取学习通平台研讨式教学、信息化教学手段	9分钟
学一学	旅游产品价格组成要素：餐费、房费、交通费、景点门票及娱乐节目费、综合服务费、地接综合费；产品定价的影响因素；旅游产品定价的方法；旅游产品定价的策略	利用学习通平台的选人、抢答、小组任务等方式进行现场提问与互动，现场给分（0～10分），用平台记录成绩	利用学习通平台进行项目式教学，研讨式教学；小组讨论法	45分钟
主题公园旅游线路设计	沉浸式体验、富媒体互动：广州长隆欢乐世界主题公园旅游线路设计；设计要求：按人数安排空调旅游车，含景区门票，含正餐、住宿，提供旅游帽及矿泉水、导游服务，购买旅游意外保险，根据要求进行行程设计与核价	针对长隆欢乐世界主题公园进行旅游线路设计实操，实战演练旅行社行程设计、产品报价、海报策划等	VR沉浸式体验、视频教学法；富媒体、信息化教学手段	45分钟
小练习	请根据最新行业情况，尝试对北京双飞6天游价格（16人成团）进行行程设计与报价；有一个20人的越南团，从深圳罗湖口岸入境，要去珠海、广州，共5晚6天，请编排行程并报价（从广州坐飞机离境）；	通过学习通平台进行测验，实时检测学习效果	测验法	55分钟

	有一个 15 人的旅游团去英国旅游 8 天，英国地接社给出的报价是 90 英镑/人/天（含车费、餐费、住宿费、导游费），景点门票另计。请排出行程并核算总成本（国际机票按单程 5500 元 + 2500 元税计）			
案例分享	某组团社询问一地接社的报价，要求是游览武侯祠、杜甫草堂、熊猫基地 3 个景点，人数为 30 人的内宾团，住三星级酒店，乘坐市内空调旅游车，派优秀地陪导游。分析其计价方式和内容，请问该旅行社的定价方式是否合理？组团社是否应接受这样的报价	通过学习通平台观看《成都旅游宣传片》专题视频	案例研讨法；视频教学法	15 分钟
总结与职业习惯训导	小结：计调员对线路设计的核价、定价及对外报价工作非常重要，报价成不成功，有没有团，关系到旅行社的总体利润和收入；	通过学习通平台发布作业	信息化教学手段	10 分钟
总结与职业习惯训导	说明下一次课的主要内容，提醒学生观看下次课的微课；发布项目任务作业；提醒学生关闭电脑及电源；要求学生完成现场清扫工作，教师检查			
拓展空间	国内常用订房网站；国外常用订房网站	通过学习通平台发布资料链接	案例教学法；信息化教学手段	5 分钟

课后	学生通过学习通平台学习课程资源，进行知识内化和拓展； 学生上传作业	利用学习通平台统计学生课后学习情况	利用学习通平台资源进行在线学习与作业提交	

（四）项目四：旅游行程安排及单项委托

旅游行程安排及单项委托详情如表 3-11 所示。

表 3-11 旅游行程安排及单项委托

课次	1	课次名称	项目四 旅游行程安排及单项委托	课时	8 学时
教学目标	技能目标		知识目标	素质目标	
教学目标	具备团队计划操作、单项业务操作能力		掌握订房、订车、订餐、订票等采购常识； 掌握组团安排的基本流程； 掌握组团业务中游客与导游的特点	具有良好的职业道德、规范操作意识； 培养学生爱岗敬业、乐于奉献的精神； 培养学生创新精神	
重点和难点	重点：计调操作需遵守同一旅游点、点间距离适中、服务设施有保障、购物安排合适等原则； 难点：掌握抵离接送、行李提取和托运、代订饭店、代租汽车、代订交通票据、代办旅游签证、提供导游服务等单项服务				
教学准备	天港成旅行社管理软件，手机； 超星泛雅、学习通； 微课、720°VR 全景视频、旅游宣传片等				
任务 1 团队行程安排					
教学进程	教学内容		信息化手段应用说明	教学方法和手段	时间分配
课前	学生通过超星泛雅平台学习团队行程安排微课程； 学生在线答题		利用超星平台统计、分析学生学习情况	通过超星泛雅平台、学习通平台进行在线学习	

考勤	通过学习通平台进行考勤	利用平台手势进行考勤	信息化教学手段	1分钟
检查与回顾	通报学生学习微课情况（平台自动统计）；作业点评	根据平台数据统计功能通报学生学习微课情况；通过手机端点评学生作业	信息化教学手段	5分钟
任务导入	阅读《旅行社的"调度员"》，请大家根据以上资讯思考两个问题：你认为计调员需要如何面对几乎每天都要经历的"退单"事件；为什么说计调工作更多地体现在沟通协调方面	通过学习通平台发起群聊，进行任务研讨	采取学习通平台研讨式教学、信息化教学手段	9分钟
学一学	订房、订车、订餐、订票等采购常识；地接计调的工作流程；组团工作流程	利用学习通平台的选人、抢答、小组任务等方式进行现场提问与互动，现场给分（0～10分），用平台记录成绩	利用学习通平台进行项目式教学，研讨式教学；小组讨论法	45分钟
知识点链接	地接计调要求工作人员具备的基本素质；接团社的选择标准	通过学习通平台发布视频链接	视频教学法；信息化教学手段	5分钟
课堂活动	针对省内、国内、出境游线路资料与范例，试编排一份团号表格，并开展研讨；请根据教师给定的桂林双飞四天游的行程内容，编制出团通知单，拟写一份A旅行社教师团于12月27日至30日前往桂林旅游，酒店三星标准，国内游团队确认单，发送给所在桂林B旅行社，并请对方确认回复	通过学习通平台发布实地调研项目单、开展项目设计	项目驱动法	100分钟

总结 与职业 习惯训导	小结本次课的主要内容； 说明下一次课的主要内容，提醒学生观看下次课的微课； 发布项目任务作业； 提醒学生关闭电脑及电源； 要求学生完成现场清扫工作，教师检查	通过学习通平台发布作业	信息化教学手段	15 分钟
课后	学生通过学习通平台学习课程资源，进行知识内化和拓展； 学生上传作业	利用学习通平台统计学生课后学习情况	利用学习通平台资源进行在线学习与作业提交	

任务 2　单项委托业务				
教学进程	教学内容	信息化手段应用说明	教学方法和手段	时间分配
课前	学生通过超星泛雅平台学习单项委托业务微课程； 学生在线答题	利用超星平台统计、分析学生学习情况	通过超星泛雅平台、学习通平台进行在线学习	
考勤	通过学习通平台进行考勤	利用平台手势进行考勤	信息化教学手段	1 分钟
检查 与回顾	通报学生学习微课情况（平台自动统计）； 作业点评	根据平台数据统计功能通报学生学习微课情况； 通过手机端点评学生作业	信息化教学手段	5 分钟
任务 导入	阅读《张先生的自助五日游》，请大家根据以上资讯思考两个问题： 张先生一行的哪些要求，属于旅行社可以承接的旅游单项委托业务； 除此之外，单项委托业务还包括哪些项目	通过学习通平台发起群聊，进行任务研讨	采取学习通研讨式教学、信息化教学手段	9 分钟

学一学	单项旅游产品； 旅行社提供的单项委托服务； 单项委托业务代办操作流程	利用学习通平台的选人、抢答、小组任务等方式进行现场提问与互动，现场给分（0~10分），用平台记录成绩；天港成旅游信息管理软件	利用学习通平台进行项目式教学，研讨式教学； 小组讨论法； 软件操作法	80分钟
专题操作	天港成旅行社管理软件——单项委托业务	天港成旅行社管理软件账号登录与单项委托业务	视频教学法； 软件操作法	5分钟
小练习	课堂讨论题：代办机票、火车票、船票等交通票据服务的程序是什么； 复习思考题：在单项委托业务代办服务过程中，通常会出现什么问题？应怎样处理； 综合实训题：在旅行社管理软件网络系统里完成相应的单项委托服务任务单，并导出、打印任务单	通过学习通平台进行测验，实时检测学习效果	测验法	65分钟
总结与职业习惯训导	小结：安排旅游行程时应该遵循顺序科学、避免重复的原则；单项委托服务是旅行社为散客提供的各种按单项计价的可供选择的服务； 说明下一次课的主要内容，提醒学生观看下次课的微课； 发布项目任务作业； 提醒学生关闭电脑及电源； 要求学生完成现场清扫工作，教师检查	通过学习通平台发布作业	信息化教学手段	10分钟

拓展空间	旅行便利化呼声越来越高	通过学习通平台发布资料链接	案例教学法；信息化教学手段	5分钟
课后	学生通过学习通平台学习课程资源，进行知识内化和拓展；学生上传作业	利用学习通平台统计学生课后学习情况	利用学习通平台资源进行在线学习与作业提交	

（五）项目五：导游派遣与管理

导游派遣与管理详情如表3-12所示。

表 3-12　导游派遣与管理

课次	1	课次名称	项目五　导游派遣与管理		课时	4学时
教学目标		技能目标	知识目标		素质目标	
		能对旅游行程进行合理的导游派遣与管理	了解导游规范管理知识；掌握组团安排的基本流程；掌握旅游团队派遣导游的培训与考核		具有良好的职业道德、规范操作意识；培养学生爱岗敬业、乐于奉献的精神；培养学生创新精神	
重点和难点		重点：对导游人才进行综合管理，向旅游团队进行劳务派遣；难点：品牌导游的产生、发挥正向的激励作用				
教学准备		天港成旅行社管理软件，手机；超星泛雅、学习通；微课、720°VR全景视频、导游人员管理条例等				
			任务1　导游派遣			
教学进程		教学内容	信息化手段应用说明		教学方法和手段	时间分配
课前		学生通过超星泛雅平台学习导游派遣微课程；学生在线答题	利用超星平台统计、分析学生学习情况		通过超星泛雅平台、学习通平台进行在线学习	

考勤	通过学习通平台进行考勤	利用平台手势进行考勤	信息化教学手段	1分钟
检查与回顾	通报学生学习微课情况（平台自动统计）；作业点评	根据平台数据统计功能通报学生学习微课情况；通过手机端点评学生作业	信息化教学手段	5分钟
任务导入	阅读《导游眼中的旅游》，请大家根据以上资讯思考两个问题：你眼中的导游工作是怎样的呢；你认为经验丰富的旅行社计调应该如何帮助导游成长	通过学习通平台发起群聊，进行任务研讨	采取学习通平台研讨式教学、信息化教学手段	9分钟
学一学	准备阶段：接团计划的管理、安排合适的接待人员、适时检查与监督、导游派遣的基本操作程序、帮助导游做好心理准备；接团阶段：建立请示汇报制度、监督接团计划的落实情况、及时处理出现的问题和事故；结束阶段：建立健全接团总结制度、及时收集反馈信息、处理旅游者的表扬与投诉	利用学习通平台的选人、抢答、小组任务等方式进行现场提问与互动，现场给分（0~10分），用平台记录成绩	利用学习通平台进行项目式教学，研讨式教学；小组讨论法	45分钟
课堂活动	根据团队情况，以班内同学为例，拟定一份导游监控表，需设计有导游姓名、导游证号码、性别、线路、团号、出团日期、游览天数、游客人数等填写项目，要求排版整齐实用	通过学习通平台发布实地调研项目单、开展项目设计	项目驱动法	15分钟

续表

总结与职业习惯训导	小结本次课的主要内容；说明下一次课的主要内容，提醒学生观看下次课的微课；发布项目任务作业；提醒学生关闭电脑及电源；要求学生完成现场清扫工作，教师检查	通过学习通平台发布作业	信息化教学手段	15分钟
课后	学生通过学习通平台学习课程资源，进行知识内化和拓展；学生上传作业	利用学习通平台统计学生课后学习情况	利用学习通平台资源进行在线学习与作业提交	

任务2 导游管理

教学进程	教学内容	信息化手段应用说明	教学方法和手段	时间分配
课前	学生通过超星泛雅平台学习导游管理微课程；学生在线答题	利用超星平台统计、分析学生学习情况	通过超星泛雅平台、学习通平台进行在线学习	
考勤	通过学习通平台进行考勤	利用平台手势进行考勤	信息化教学手段	1分钟
检查与回顾	通报学生学习微课情况（平台自动统计）；作业点评	根据平台数据统计功能通报学生学习微课情况；通过手机端点评学生作业	信息化教学手段	5分钟
任务导入	阅读《山西省导游管理中心建立导游电子诚信档案》，请大家根据以上资讯思考两个问题：张先生一行人的哪些要求，属于旅行社可以承接的旅游单项委托业务；除此之外，单项委托业务还包括哪些项目	通过学习通平台发起群聊，进行任务研讨	采取学习通平台研讨式教学、信息化教学手段	9分钟

学—学	导游人员的培训； 导游人员的考核； 旅行社对导游人员的管理； 计调人员对导游的管理	利用学习通平台的选人、抢答、小组任务等方式进行现场提问与互动，现场给分（0~10分），用平台记录成绩； 天港成旅游信息管理软件——导游管理	利用学习通平台进行项目式教学，研讨式教学； 小组讨论法； 软件操作法	45分钟
专题操作	天港成旅行社管理软件——导游管理	天港成旅行社管理软件账号登录与导游管理	视频教学法； 软件操作法	5分钟
小练习	课堂讨论题：导游擅自离团要怎么解决？如何预防这种情况的发生； 自测题：旅行社对导游的培训内容包括哪几个方面	通过学习通平台进行测验，实时检测学习效果	测验法	10分钟
总结与职业习惯训导	小结：学习派遣导游的原则，以及通过对导游的规范管理、考核进行学习，了解计调人员应该怎样协助旅行社做好管理导游工作，使团队工作顺利进行； 说明下一次课的主要内容，提醒学生观看下次课的微课； 发布项目任务作业； 提醒学生关闭电脑及电源； 要求学生完成现场清扫工作，教师检查	通过学习通平台发布作业	信息化教学手段	10分钟
拓展空间	导游自由执业力促多方共赢	通过学习通平台发布资料链接	案例教学法； 信息化教学手段	5分钟
课后	学生通过学习通平台学习课程资源，进行知识内化和拓展； 学生上传作业	利用学习通平台统计学生课后学习情况	利用学习通平台资源进行在线学习与作业提交	

（六）项目六：旅游团队监控与管理

旅游团队监控与管理详情如表 3-13 所示。

表 3-13 旅游团队监控与管理

课次	1	课次名称	项目六 旅游团队监控与管理	课时	6 学时
教学目标	技能目标		知识目标	素质目标	
教学目标	能完整地实施团队质量监控，处理投诉事件		掌握派团与盯团的技巧； 了解突发事件处理流程、技巧； 掌握旅游团队派遣导游的培训与考核方法	具有良好的职业道德、规范操作意识； 培养学生爱岗敬业、乐于奉献的精神； 培养学生团队意识	
重点和难点	重点：除主要细心周到地安排团队行程计划外，还要对所有旅游团队的整个进程实施监控； 难点：对旅游团队的活动情况进行跟踪、了解，对导游的服务进行监管				
教学准备	天港成旅行社管理软件，手机； 超星泛雅、学习通； 微课、720°VR 全景视频等				
任务 1 团队质量监控					
教学进程	教学内容	信息化手段应用说明		教学方法和手段	时间分配
课前	学生通过超星泛雅平台学习团队质量监控微课程； 学生在线答题	利用超星平台统计、分析学生学习情况		通过超星泛雅平台、学习通平台进行在线学习	
考勤	通过学习通平台进行考勤	利用平台手势进行考勤		信息化教学手段	1 分钟
检查与回顾	通报学生学习微课情况（平台自动统计）； 作业点评	根据平台数据统计功能通报学生学习微课情况； 通过手机端点评学生作业		信息化教学手段	5 分钟

任务导入	请大家根据团队质量监控资讯思考两个问题： 你认为计调在这里出现失误的原因是什么； 要通过什么措施来避免这些问题，掌控好自己的团队	通过学习通平台发起群聊，进行任务研讨	采取学习通平台研讨式教学、信息化教学手段	9分钟
学一学	质量控制的目的； 旅游行程全过程的质量管理游前、游中和游后阶段； 质量监控的基本方法； 团队总结	利用学习通平台的选人、抢答、小组任务等方式进行现场提问与互动，现场给分（0～10分），用平台记录成绩	利用学习通平台进行项目式教学，研讨式教学； 小组讨论法	45分钟
课堂活动	技能训练：分小组模拟，设计一项毕业旅游活动，并制定该旅游团队的计划表、服务质量跟踪调查表（团队）； 讨论派团与盯团的最新运作方法； 实施团队计划与质量监控的目的是什么	通过学习通平台发布实地调研项目单、开展项目设计	项目驱动法	15分钟
总结与职业习惯训导	小结本次课的主要内容：说明下一次课的主要内容，提醒学生观看下次课的微课； 发布项目任务作业； 提醒学生关闭电脑及电源； 要求学生完成现场清扫工作，教师检查	通过学习通平台发布作业	信息化教学手段	15分钟
课后	学生通过学习通平台学习课程资源，进行知识内化和拓展； 学生上传作业	利用学习通平台统计学生课后学习情况	学习通平台资源进行在线学习与作业提交	

任务 2　突发事件处理				
教学进程	教学内容	信息化手段应用说明	教学方法和手段	时间分配
课前	学生通过超星泛雅平台学习突发事件处理微课程；学生在线答题	利用超星平台统计、分析学生学习情况	通过超星泛雅平台、学习通平台进行在线学习	
考勤	通过学习通平台进行考勤	利用平台手势进行考勤	信息化教学手段	1 分钟
检查与回顾	通报学生学习微课情况（平台自动统计）；作业点评	根据平台数据统计功能通报学生学习微课情况；通过手机端点评学生作业	信息化教学手段	5 分钟
任务导入	请大家根据案例，结合《旅游法》相关规定，思考以下两个问题：旅行社是否应该对旅游者的购物损失承担责任；旅行社计调应该如何对团队实施监控与管理	通过学习通平台发起群聊，进行任务研讨	采取学习通平台研讨式教学、信息化教学手段	9 分钟
学一学	旅行社突发事件；突发事件中计调的角色定位与处理技巧；突发事件的预防、规范操作程序	利用学习通平台的选人、抢答、小组任务等方式进行现场提问与互动，现场给分（0～10 分），用平台记录成绩；天港成旅游信息管理软件——导游管理	利用学习通平台进行项目式教学，研讨式教学；小组讨论法；软件操作法	45 分钟
专题操作	对当地旅行社进行实地考察，了解旅行社相关人员处理突发事件的注意事项及原则	互联网问卷及软件操作	调查法；软件操作法	95 分钟

续表

小练习	模拟撰写1份《旅行社团友离团证明》； 根据最新的国内旅游组团合同范本，与小组成员通过角色扮演模拟合同签约的流程； 旅游突发事件的预防措施和注意事项有哪些	通过学习通平台进行测验，实时检测学习效果	测验法	10分钟
总结与职业习惯训导	小结：学生通过学习接待过程中的质量监督工作，能够完整地实施团队质量监控。针对突发事件，提出应对措施和注意事项，在日常工作中，计调员应当注意积累相关经验常识、积极准备、预防突发事件的发生； 说明下一次课的主要内容，提醒学生观看下次课的微课； 发布项目任务作业； 提醒学生关闭电脑及电源； 要求学生完成现场清扫工作，教师检查	通过学习通平台发布作业	采用学习通平台信息化教学手段	10分钟
拓展空间	旅游计划变更的处理	通过学习通平台发布资料链接	案例教学法； 信息化教学手段	5分钟
课后	学生通过学习通平台学习课程资源，进行知识内化和拓展； 学生上传作业	利用学习通平台统计学生课后学习情况	利用学习通平台资源进行在线学习与作业提交	

（七）项目七：旅游团队核算与档案管理

旅游团队核算与档案管理如表3-14所示。

表 3–14　旅游团队核算与档案管理

课次	1	课次名称	项目七　旅游团队核算与档案管理	课时	6 学时
教学目标		技能目标	知识目标	素质目标	
		能对旅游行程进行合理核算；能对客户档案进行分类与管理	了解团队核算与结算的分类、程序及方法	具有良好的职业道德、规范操作意识；培养学生爱岗敬业、乐于奉献的精神；培养学生团队意识	
重点和难点		重点：财会业务不是旅行社的一项经营性业务，而是一项管理性业务；难点：对旅游团队的旅行费用进行核算与结算			
教学准备		天港成旅行社管理软件，手机；超星泛雅、学习通；微课、720°VR 全景视频等			
任务 1　旅游团队核算					
教学进程		教学内容	信息化手段应用说明	教学方法和手段	时间分配
课前		学生通过超星泛雅平台学习旅游团队核算微课程；学生在线答题	利用超星平台统计、分析学生学习情况	通过超星泛雅平台、学习通平台进行在线学习	
考勤		通过学习通平台进行考勤	利用平台手势进行考勤	信息化教学手段	1 分钟
检查与回顾		通报学生学习微课情况（平台自动统计）；作业点评	根据平台数据统计功能通报学生学习微课情况；通过手机端点评学生作业	信息化教学手段	5 分钟
任务导入		请大家根据旅游团队核算资讯思考两个问题：在这件事情中，有哪些环节是做得不对的；如果你是旅行社的管理人员，将怎样杜绝计调发生这样的情况呢	通过学习通平台发起群聊，进行任务研讨	采取学习通平台研讨式教学、信息化教学手段	9 分钟

学一学	旅行社业务核算； 组团业务核算； 接待业务核算	利用学习通平台的选人、抢答、小组任务等方式进行现场提问与互动，现场给分（0～10分），用平台记录成绩	利用学习通平台进行项目式教学，研讨式教学； 小组讨论法	45分钟
课堂活动	旅行社业务核算主要分为哪两大类； 当组团营业成本的内容基本与营业收入的内容相对应发生时，通过什么账户进行核算； 实施团队计划与质量监控的目的是什么	通过学习通平台发布实地调研项目单、开展项目设计	项目驱动法	15分钟
专题实践	使用个人工作QQ号码，从旅游同行QQ群中下载1份行程表，咨询该同行各项地接价格，核算这份行程表的各项支出成本，并填写表格。请分别从地接综合费、餐费、交通费等角度考虑	通过学习通平台发布实地调研项目单、开展项目设计	项目驱动法	45分钟
总结与职业习惯训导	小结本次课的主要内容； 说明下一次课的主要内容，提醒学生观看下次课的微课； 发布项目任务作业； 提醒学生关闭电脑及电源； 要求学生完成现场清扫工作，教师检查	通过学习通平台发布作业	采取学习通平台信息化教学手段	15分钟
课后	学生通过学习通平台学习课程资源，进行知识内化和拓展； 学生上传作业	利用学习通平台统计学生课后学习情况	利用学习通平台资源进行在线学习与作业提交	

任务 2　旅游团队结算				
教学进程	教学内容	信息化手段应用说明	教学方法和手段	时间分配
课前	学生通过超星泛雅平台学习旅游团队结算微课程；学生在线答题	利用超星平台统计、分析学生学习情况	通过超星泛雅平台、学习通平台进行在线学习	
考勤	通过学习通平台进行考勤	利用平台手势进行考勤	信息化教学手段	1 分钟
检查与回顾	通报学生学习微课情况（平台自动统计）；作业点评	根据平台数据统计功能通报学生学习微课情况；通过手机端点评学生作业	信息化教学手段	5 分钟
任务导入	请大家根据案例思考两个问题：是旅行社哪方面的疏忽导致这种情况的发生；应该怎样预防这种情况的发生	通过学习通平台发起群聊，进行任务研讨	采取学习通平台研讨式教学、信息化教学手段	9 分钟
学一学	旅行社结算业务的含义；旅行社结算的内容；突发事件的预防、规范操作程序；计调人员须遵循的结算四原则；旅行社结算的方式；结算基本程序；计调人员团队进行核算与结算时需注意的事项	利用学习通平台的选人、抢答、小组任务等方式进行现场提问与互动，现场给分（0 ~ 10 分），用平台记录成绩；天港成旅游信息管理软件——导游管理	利用学习通平台进行项目式教学，研讨式教学；小组讨论法；软件操作法	45 分钟
专题操作	XX 旅行社费用结算单软件操作	通过学习通平台、天港成旅行社软件进行旅行社费用结算单操作	项目驱动法；软件操作法	95 分钟

总结 与职业 习惯训导	小结本次课的主要内容； 说明下一次课的主要内容，提醒学生观看下次课的微课； 发布项目任务作业； 提醒学生关闭电脑及电源； 要求学生完成现场清扫工作，教师检查	通过学习通平台发布作业	信息化教学手段	10分钟
课后	学生通过学习通平台学习课程资源，进行知识内化和拓展； 学生上传作业	利用学习通平台统计学生课后学习情况	利用学习通平台资源进行在线学习与作业提交	

任务 3　旅游团队盘点与档案管理				
教学进程	教学内容	信息化手段应用说明	教学方法和手段	时间分配
课前	学生通过超星泛雅平台学习旅游团队盘点与档案管理微课程； 学生在线答题	利用超星平台统计、分析学生学习情况	通过超星泛雅平台、学习通平台进行在线学习	
考勤	通过学习通平台进行考勤	利用平台手势进行考勤	信息化教学手段	1分钟
检查 与回顾	通报学生学习微课情况（平台自动统计）； 作业点评	根据平台数据统计功能通报学生学习微课情况； 通过手机端点评学生作业	信息化教学手段	5分钟
任务 导入	请大家根据《带走的客户档案》案例内容，思考两个问题： 旅行社为什么要建立客户档案； 建立客户档案后，旅行社又应如何加强档案管理	通过学习通平台发起群聊，进行任务研讨	采取学习通平台研讨式教学、信息化教学手段	9分钟

续表

学一学	旅行社客户的定义； 客户档案建立的原则； 客户类型的细分； 客户档案的管理与维护	利用学习通平台的选人、抢答、小组任务等方式进行现场提问与互动，现场给分（0~10分），用平台记录成绩；天港成旅行社管理软件——档案管理	利用学习通平台进行项目式教学，研讨式教学； 小组讨论法； 软件操作法	45分钟
小练习	课堂讨论题：以所在城市为例，列举及细分某旅行社的客户类型，如定点餐厅、星级酒店、景区景点、旅游车队、保险公司等； 自测题：①计调对客户档案建立的原则有哪些?②旅行社维护客户的方法有哪些	通过学习通平台进行测验，实时检测学习效果	测验法	15分钟
总结与职业习惯训导	小结：旅行团核算与结算是旅行社利润把控的重要环节；旅行社运行过程中客户资料的建立与管理维护； 回顾课程主要内容，提醒学生准备期末实务考试； 提醒学生关闭电脑及电源； 要求学生完成现场清扫工作，教师检查	通过学习通平台发布期末测试要点	信息化教学手段	10分钟
拓展空间	中国旅游业"十三五"十大关键词	通过学习通平台发布资料链接	案例教学法； 信息化教学手段	5分钟
课后	学生通过学习通平台学习课程资源，进行知识内化和拓展； 学生上传专题实务考核作业	利用学习通平台统计学生课后学习情况	利用学习通平台资源进行在线学习与实务考核作业提交	

第四章 课程典型案例介绍

第一节 "课堂革命"典型案例

2017 年,教育部开始推动"课堂革命",加快教育向质的提升转变。2019 年,《国家职业教育改革实施方案》(职教 20 条)明确指出,要坚持"德技并修、工学结合"。高职教育正处于重要的战略机遇期,践行课堂革命、坚持产教融合、打造多元课堂,并努力提升学生自主学习能力是高职院校教师的使命与担当。

因此,自 2017 年起,以张颖老师为负责人的"旅行社计调业务"课程组开展了课堂革命实践。经过 4 年多的探索,课程已验收为广东省首批高职教育精品在线开放课程,所建学银在线金课(慕课)覆盖 96 所学校,也是广东省高职院校高水平专业群——旅游管理专业核心课程。当前,旅游消费方式不断迭代升级。新生代旅游人才的培养需要注入数字新元素,如何更好地利用信息化技术,有效提供富媒体线上学习资源、打造"岗课证赛"融通课堂,成为课程急需解决的问题。

现以课程案例"沉浸式体验·富媒体互动——主题公园旅游线路设计",展示"课堂革命"的实践过程及效果。本课例针对"学生在旅游线路设计中容易出现理论与实践脱节、应用知识效率低"等学情现状,将知识碎片化、技能层次化,再由工作过程系统化、序化知识与技能,重建内容结构,构建

170

沉浸式体验、富媒体互动的"七步成品法",实现颗粒化程度高、表现形式适当的混合式教学范例。

2022 年,本案例被评为广东省高职教育课堂革命典型案例。

一、课程信息及授课情况

(一)课程信息

课程信息如表 4-1 所示。

表 4-1 课程信息

课程名称	课程编码	课程属性	课程类型	所属专业（代码）	学时
旅行社计调业务	GS081209	专业课	理实一体化课	旅游管理（540101）	54

(二)授课情况

授课情况如表 4-2 所示。

表 4-2 授课情况

授课教师	授课时间	授课班级	所属专业（代码）	学生评教分数
张 颖	2020—2021 学年第 2 学期	2020 级旅游管理（二年制）1 班	旅游管理（540101）	92.9040
张 颖	2020—2021 学年第 1 学期	2019 级旅游管理 1 班、2 班、3 班	旅游管理（540101）	90.8380
张 颖	2019—2020 学年第 2 学期	2019 级旅游管理（二年制）1 班	旅游管理（540101）	90.2790
张 颖	2019—2020 学年第 1 学期	2018 级旅游管理 1 班、2 班	旅游管理（540101）	90.8000
张 颖	2018—2019 学年第 1 学期	2017 级旅游管理 1 班、2 班	旅游管理（540101）	90.0670

二、案例内容

(一) 课程解决的问题

旅游线路设计是旅行社计调工作的核心内容，是将旅游供给方的各种资源，如酒店、景区、交通、餐饮等通过产品组合与设计，进行资源融合，从而包装成旅游产品，面向游客推广，产生市场效益，其与旅游企业运营利润和有序发展密切相关，也是学生计调职业能力培养的重点。

随着"互联网+""旅游+"的实施，旅游产品设计的信息化手段愈加多样化，实现旅游线路设计的针对性、高效性、多样性，是实现课例教学目标的关键点。本课例选取"旅行社计调业务"课程模块二"旅游采购与线路设计"的子任务"主题公园旅游线路设计"。

本课例依据人才培养方案，立足智慧旅游对计调人才的需求，结合学生个性鲜明、思维活跃、爱互动表现及实践经验较薄弱的特征，精准分析产品设计岗位标准、校企共同构建课例教学内容，使其更具针对性、实用且有效。运用信息化教学手段，课前对主题公园游客消费意向进行调研，对主题公园类型进行甄别，确定以"长隆欢乐世界"为例进行旅游行程主题设计；课中创新性导入旅游景区沉浸式体验、天港成旅行社软件计价与核价、旅游行程海报富媒体设计等内容，对学生作品进行分组展示、师生在线评价，与校内旅行社联动，开展旅游线路推广；课后通过"知识点游戏"进行主题公园旅游线路设计知识巩固。

(二) 问题解决的策略

1. 问题解决的思路

(1) 立德树人，构建项目任务引领式教学流程。

课例坚持立德树人，根据职业教育国家教学标准要求，优化课例教学目标，拓展教学内容深度和广度，体现产业发展新趋势、新业态、新模式。课例结合学情分析，扎实推进信息化教学改革，紧扣"主题公园旅游线路设计"

能力与知识目标,将课程思政融入其中,结合旅行社鲜活的案例与项目、原创长隆全景 VR 及动画、天港成旅行社管理软件等,实施项目式教学,加强以体验为主的富媒体教学。

课例以"课程思政有效融入、项目任务式引领、递进式教学实施、富媒体教学资源支撑、企业行业资讯演练、学习过程考核评价"为解决思路,基于"沉浸式体验·富媒体互动"构建项目任务引领式学习体系,贯穿于课前预学、课中导学、课后巩固与拓展,并做好课程思政内容设计,有机融入工匠精神等育人新要求,培养学生经世济民、诚信服务、德法兼修的职业素养。

(2)内容重组,以"七步成品法"聚焦学习重点与难点。

主体转换。课例综合应用了多项信息技术与资源进行教学设计,将学生有效转换成学习主体,激发学生学习兴趣,提高其自主学习能力。

技能提升。根据行业实际情况重组教学内容,以真实工作任务驱动课堂教学,切实提高学生计调业务操作能力。

素质养成。学生通过 VR 体验获得游客思维,通过实操及企业连线等获得行业思维,修炼计调人员职业素养。

效果提升。课例教学融合信息化技术资源,实施"七步成品法"教学过程,使学生快速突破课程重点难点,强化学习系统性与连贯性,实现课程教学目标。"七步成品法"教学流程如图 4-1 所示。

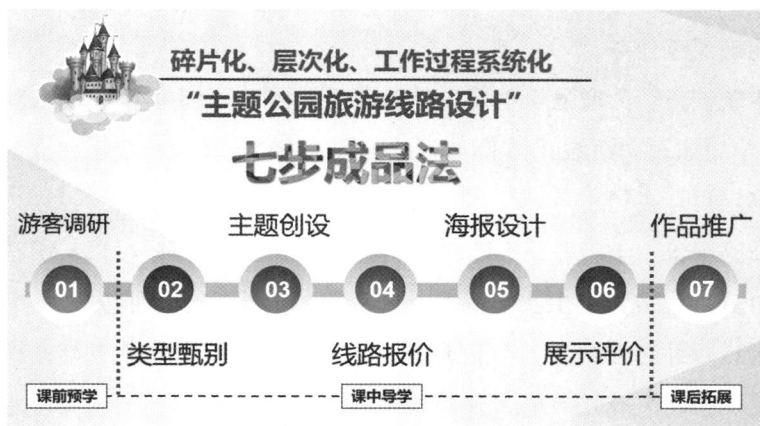

图 4-1 "七步成品法"教学流程

（3）评价结果实时反馈，采用启发式、探究式教学方法组织课堂。

围绕"一个中心，四个结合"实施课例教学。具体而言，是指以解决旅行社线路设计实际问题为中心，将课堂项目任务与企业运营实践相结合、将传统教学方法与信息化技术相结合、将专任教师指导与行业导师解惑相结合、将个体学习与小组合作相结合，实现"根据实际情况，设计实际内容，解决实际问题，产出实际作品，看到实际效果"的教学目标。

2. 问题解决过程

课程授课对象是高职旅游管理专业二年级学生，其已学习专业基础课程，具有一定的旅游行业认知能力，熟练并热衷使用网络信息，乐于动手、创意丰富，但缺乏行业实践经验与客户思维。基于学情分析，重建课例教学内容结构，采取信息化教学手段，运用"七步成品法"教学，将其贯穿于课前预学、课中导学、课后拓展。

（1）课前预学。

利用慕课平台发布课程任务单，通过问卷调研获取游客消费意向。学生通过手机或电脑预习微课，利用碎片化时间学习。课前师生进行线上沟通，教师根据学生的预习反馈情况调整课程计划。

（2）课中导学。

①类型甄别。课上，采用问题探究、小组讨论、互动讲授等方式，借助"知识点连连看"帮助学生甄别实训类型，将课前预学与课中知识点进行有效对接，明确课程任务。

②主题创设。为增强学生现场体验感受，团队原创"长隆欢乐世界"景区 VR，学生通过"沉浸式体验"后，小组讨论得出体验感受，树立游客体验思维，确定设计主题。

③线路报价。学生登录天港成"怡游在线"旅游管理软件录入行程信息、进行计价核价，培养学生实际操作、选择判断、自主学习能力，突出教学重点，教师进行针对性解疑，与企业专家连线，培养学生企业思维，提高学生解决问题能力，突破教学难点。

④海报设计。学生导出行程后，进行小组讨论，运用图片编辑及二维码

生成软件，选择优秀线路作品，生成二维码后绘制线路展示海报，培养学生创意思维，突出教学重点。

⑤展示评价。小组海报展示时，师生在学习通中进行评分，结合各组作品汇报、优秀计调的采访及视频连线，展示学生作品及设计心得。教师评分后进行针对性点评，强调共性问题解决方法，帮助学生梳理旅游线路设计技巧、学习背景知识、培育审美品读能力，融入工匠精神及诚信服务思政元素。

（3）课后拓展。

利用慕课平台下发作品推广、知识点游戏测评、VR深度体验等任务，巩固课堂学习成果。利用慕课平台与软件平台记录学习成果，进行全过程形成性考核评价，学生对课程评价也呈现在慕课平台上。

3. 问题解决的方法

（1）内容重组，任务驱动，技能提升。

课例依据行业实际情况，在遵循学生认知规律的基础上，对课程的内容进行重新组合，以"长隆欢乐世界主题公园旅游线路设计"这个真实工作任务驱动课堂教学，使得学生通过设计实际线路，解决实际问题，产出实际作品，看到实际效果，切实提高学生计调业务操作能力。

（2）做中悟，学中思，素质养成。

在长隆欢乐世界全景VR沉浸式体验时，学生可以获得从游客角度设计线路的思维；在面对多个线路报价方案时，学生可以通过天港成旅行社管理软件、知识点连连看、优秀计调员视频连线等富媒体互动，得到专业计调人员的指点，理清线路设计必须考虑的各项关键指标。

（三）实施效果

课例改革成果辐射运用全课程教学，相较于改革前的教学方式，学生自主学习能力、学习积极性和学习效果明显提高。课程教学质量明显提升，2019—2020学年第2学期课程评分为90.2790、2020—2021学年第1学期课程评分为90.8380、2020—2021学年第2学期课程评分为92.9040，教学满意度呈明显上升趋势。

1. 沉浸式教学、富媒体互动，学生学习积极性明显提高

慕课平台、旅行社管理软件、VR全景、知识点连连看游戏等沉浸式教学与富媒体互动，拓展了学生学习的时间维度和空间广度，成功营造了积极、健康、融洽的智慧课堂氛围，学生学习积极性、学习效果明显提高。

2. 富媒体资源赋能教学实施，教学质量优秀

融合了富媒体资源的"七步成品法"教学过程，能有效帮助学生突破课程重点难点。学银金课平台及富媒体教材上的教学资源，方便学生根据需要进行差异化自主学习，有利于学生树立学习的信心。信息化手段在课前预学、课中导学、课后拓展中得到充分运用，教学目标可测可评，教学效果清晰直观。自课程改革以来，获得历年教学质量优秀奖，课例获得"河源职业技术学院2021年优秀教学典型案例评选一等奖""河源职业技术学院2021年教学成果一等奖"，课程负责人入选"河源职业技术学院第二届教学名师"。

（四）创新与示范

课程获得文化和旅游部"万名旅游英才"计划、国家文化产业资金支持、媒体融合重大项目等资助，是广东省高职教育精品在线开放课程，也是河源职业技术学院第一批混合教学改革"优秀"课程、"课程思政"示范课程，课例获得广东省职业院校信息化教学大赛二等奖，主讲教师获得"中国旅游教育杰出青年教师"称号。

1. 重德强技，提升学生"责任担当"素养

好的教育应该培养学生成为责任担当者、问题解决者，通过精心设计，课例将诚信、责任价值观教育和旅游产品策划与设计有机结合起来，提升学生对国内主题公园的景区认同感，实现旅游学与思政教育的有机结合，培养学生爱国主义情怀与文化自信。

2. 实践英才，熏陶学生"行业自信"品格

坚持"岗课证赛"融通，通过沉浸式、富媒体资源，产教联动充实教学内容，围绕"一个中心，四个结合"，实施课程教学，激发学生对旅游行业的认同感和作为旅游从业人员的自豪感。

3. 创新驱动，凝聚课程"三教改革"成果

按照"理论实践一体化、实训基地企业化、教学实训项目化、素质培养全程化"的精准育人模式，课例围绕旅行社计调职业核心能力的内涵，通过富媒体资源汇集—慕课平台支撑—沉浸式体验—企业项目链接—设计成果转化，凝聚"三教改革"成果，学银在线金课（慕课）已覆盖96所学校。

（五）反思与改进

1. 成功之处

（1）遵循职业教育规律，体现"以学生为中心"的教育理念，加强学生对旅游线路设计信息化手段的运用，实战演练主题公园旅游行程设计、产品报价、海报策划等，沉浸式 VR 体验互动性强，激发学生学习兴趣，解决课程学习重点与难点，实战演练成果显著。

（2）课例实现内容重组、课堂鲜活，并有机融入课程思政，突出"立德树人、产教融合"的职教理念，执行了考核与评价多元化、即时化、科学化的目标任务。

（3）学银在线省级金课平台、原创沉浸式与富媒体资源、新形态教材等应用和推广价值高。

2. 存在问题

（1）混合式教学的改革与实践，需要不断引入优秀产教资源进课堂。

（2）部分学生学习的专注力、自主学习能力仍有待加强。

3. 改进措施

（1）注重知识内化与技能外显相结合，注重行业需要与"1+X"考证相结合，注重日常教学与技能大赛相结合，注重校内教学与社会服务相结合，持续加强产业学院及校企"双师双向"交流，建立"政校行企"四方联动资源汇集机制，继续打造金课平台。

（2）以"专业、乐业、专注"的"工匠型"旅游职业价值观培养为主线，实施浸润式课程思政改革，提升学生逆商与抗压能力，鼓励学生发挥主观能动性，推动"岗课证赛"融通、评选学习之星等活动建设，打造新生代旅游人的培育平台。

第二节 "旅游服务心理学"课程思政典型案例

2016年12月7日，习近平总书记在全国高校思想政治工作会议上发表重要讲话："教师不能只做传授书本知识的教书匠，而要成为塑造学生品格、品行、品味的'大先生'。"2018年9月，习近平总书记在全国教育大会提出教育学生要做好"六个下功夫"。2019年3月，习近平总书记主持召开学校思想政治理论课教师座谈会并发表重要讲话，明确指出思想政治理论课的改革创新要坚持"八个相统一"，其中有一个相统一就是"要坚持显性教育和隐性教育相统一，挖掘其他课程和教学方式中蕴含的思想政治教育资源，实现全员全程全方位育人"。2020年5月28日，教育部印发《高等学校课程思政建设指导纲要》）（以下简称《纲要》），《纲要》提出，"培养什么人、怎样培养人、为谁培养人是教育的根本问题，立德树人成效是检验高校一切工作的根本标准。落实立德树人根本任务，必须将价值塑造、知识传授和能力培养三者融为一体、不可割裂。"为深入贯彻落实习近平总书记关于教育的重要论述，教育部办公厅于2021年开展课程思政示范课程、教学名师、教学团队和教学研究示范中心建设工作。

河源职业技术学院紧跟国家教改热点、职教发展趋势，在2020年成立课程思政教学研究示范中心，同年遴选了第一批校级课程思政示范课程，从资金、人力、物力等多方面保障课程改革与建设。通过连续三年的"课程思政示范课建设""课程思政教学典型案例大赛""课程思政教学名师评选""课程思政名师讲堂"等一系列活动全面推进学校课程思政建设理论研究和教学实践，加快形成"我校有精品、门门有思政、课课有特色、人人重育人"的良好局面。旅游管理专业的"旅游服务心理学"课程，作为广东省高职精品在线开放课程，已顺利通过第一批校级课程思政示范课的优秀等级验收，"锻造职业精神培育课程，为新时代文旅英才铸魂"——思政浸润下精品在线开放课程"旅游服务心理学"建设案例获得2023年广东省高职院校课程思政示范计划立项，课程主持人也获得校级"课程思政教学名师"称号，并代表本校参与国家级课程思政示范课程选拔，相关教学实践成果也成为 2021 年广东省教育教学成果二等奖——"欠发达地区职业教育服务旅游扶贫的探索与实践"的重要组成部分。

一、课程基本情况

"旅游服务心理学"是旅游管理专业的核心必修课程，入选广东省高职教育精品在线开放课程、校级金课。旅游管理专业大二学生经过 36 个学时的学习，熟悉了一线旅游服务岗位的心理服务方式，掌握产品设计、前台销售、导游带团过程中心理知识与技能的运用，养成关注旅游者心理与服务人员心理素质的习惯，提升客我互动心理服务与自我心理调节能力，从而塑造正确的旅游从业价值观，树立"为人民服务"的理想信念。用课程思政浸润精品在线开放课程教学，让学生的"政治认同""文化自信""责任担当"得到提升，"行业自豪""守法诚信""爱岗敬业"受到熏陶，"感恩精神""和谐心态""健全人格"得以修炼。

二、"课程思政"教学整体设计思路

在遵循"旅游服务心理学"课程自身逻辑体系的前提下，深入挖掘思想政治教育资源，对课程固有的德育资源进行内涵式开发，强化课程育人的价值。将爱国、诚信、责任价值观教育和旅游服务心理学有机结合起来，启发学生系统性思考。本课程从心理学的角度来揭示旅游服务中的产品设计、营销推广、咨询接待、体验服务等客我互动情景的实质，以及心理调适成长的途径。德才兼备的校企双元教师，本着"传道授业解惑"的初心，从解答学生困惑出发，走进旅游企业，还原鲜活场景，分析前沿案例，将理论与实践相结合，培养学生良好的职业服务意识和服务心理，树立"为人民服务"的理想信念，使其拥有勇敢面对服务困境的决心，使学生努力掌握旅游心理服务知识，用心打磨对客心理服务技能，做专研服务艺术的行业工匠。帮助学生形成正确的旅游从业价值观，将文明旅游精神渗透到工作的方方面面，培育学生经世济民、诚信服务、德法兼修的职业素养，修炼文化创新传承精神，使其成长为旅游行业思想觉悟高、家国情怀深、职业道德好、专业素质硬、身心均健康的技术技能型人才。"旅游服务心理学"课程思政教学整体设计思路如图4-2所示。

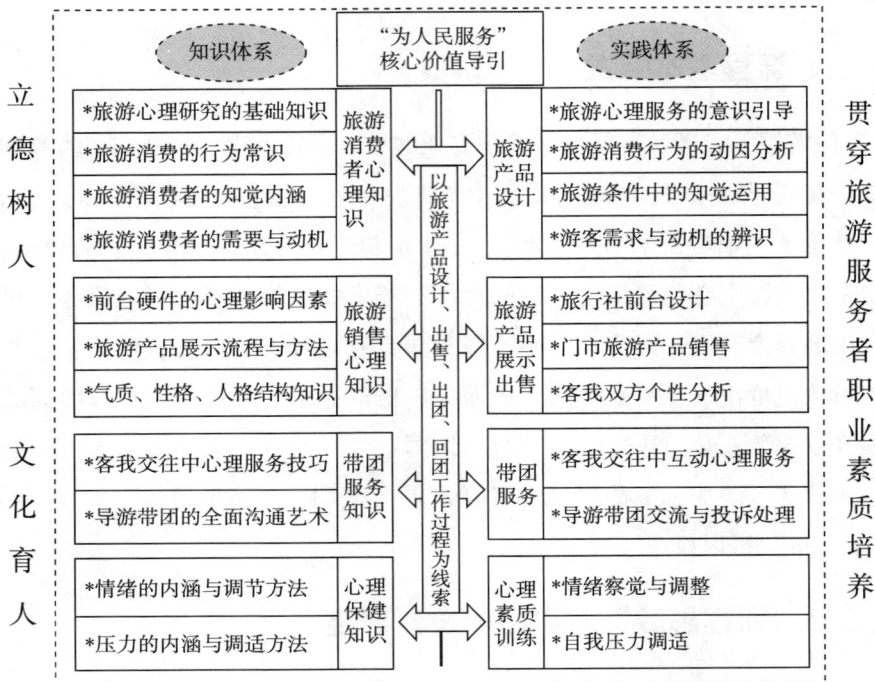

图4-2 "旅游服务心理学"课程思政教学整体设计思路

以课程思政示范课程与广东省精品在线开放课程建设为契机，为实现"一个信念（为人民服务），三个提升（政治认同、文化自信、责任担当），三种熏陶（行业自豪、守法诚信、爱岗敬业），三项修炼（感恩精神、和谐心态、健全人格）"的思政育人目标。"旅游服务心理学"课程围绕"一条主线，四个结合"开展教学，"以全员全程全方位育人"为主线，注重知识内化与技能外显相结合，注重行业需要与职业考证相结合，注重日常教学与技能大赛相结合，注重校内教学与社会服务相结合，实现"内外交替，真岗培养"，厚德强技，培育实践英才，产教融合，共建优质资源，逐渐将"旅游服务心理学"课程打磨成校企共建、平台驱动、多维融合的浸润式旅游职业精神培育课程。

三、"课程思政"教学方法及手段

依托省精品在线开放课程建设平台，借助学银在线实施线上线下混合式教学；校内课堂运用"参与式定制化"项目教学法强化学生知识与技能储备，校外依托国家文旅部"实践英才项目"等实践任务，提升学生心理服务实战能力；剖析"1+X"证书考核标准，融入行业岗位要求，强化课程实用性、适用性；赛学互促，将职业技能大赛、创新创业大赛、"挑战杯"、"攀登计划"项目等要求融入课程教学；"优秀校友进课堂""同辈学习圈"等形式并举，校企合力共建精品课程，培育实践英才。

四、"课程思政"教学实施的具体案例

结合"2019年8月19日习近平总书记在敦煌研究院视察与座谈""新冠疫情期间敦煌人借数字技术实现文化推广"等思政背景，选取"数字敦煌文创"的综合案例，凝练成"品味数字敦煌文创，创新旅游产品设计"的课程思政教学样例，通过"课前自主学""课中一起学""课后共成长"的三维循环教学环节来强调教学重点、突破教学难点。具体如图4-3所示。

图4-3 "品味数字敦煌文创，创新旅游产品设计"的课程思政教学样例综合目标与重难点展示

"课前自主学"，学生完成平台慕课学习，自学"习近平总书记在敦煌研究院座谈时的讲话"及敦煌文化资料；"课中一起学"，学生"动嘴"——朗诵敦煌诗句与描述莫高窟景观，"动眼"——观看莫高窟文化保护视频与"敦煌动画小剧场"，"动脑"——结合马斯洛需求层次理论思考"云游敦煌"程序的游客需求满足点、结合敦煌数字化保护历程与联名案例思考敦煌文化活化的根源，"动手"——使用"云采丝巾"小程序 DIY 文创，"动心"——感悟中华文化之博大精深与旺盛生命力，感动于"坚守大漠、甘于奉献、勇于担当、开拓进取"的莫高精神，从而使学生得到更全面的认识与收获。"课后共成长"，学生观看《国家记忆》升华思想认识，分组完成"数字敦煌文创"课后任务——文创创意报告，储备大学生创新创业训练计划、"挑战杯"及"互联网+"大赛等参赛力量，赛学互促，培养学生经世致用、实践成才的精神。

在上述教学环节中，课程思政内容从"学""悟""融""行"4 个维度渗透其中，实现从理论提升到精神内化再到执行实践的"知行合一""全面渗透"的目标。本教学样例已呈现在精品在线开放课程平台，借助辐射效应，拓展课程思政浸润的深度与广度。

五、教学效果及教师感悟

（一）教学效果

"旅游服务心理学"自开课以来，得到各届学生好评，期末评优持续居学院前列，融入课程思政教学后，学生将所学所思运用在学习、实习、竞赛中，收获更加全面。同时，教育教学改革成果以课题、论文、富媒体教材等形式多方位呈现。

（二）教师感悟

在课程思政浸润下建设精品在线开放课程，深化知识传授与价值引领、显性教育与隐性教育、育才能力与育德能力等融合，借助互联网学习的传播力，扩大"旅游服务心理学"课程思政改革成效的辐射范围。今后，教师团队仍需强化思政学习，提高自身思想政治素养；专注"三教"改革，凝练课程创新教法改革模式；助力学生成长，强化课程育人培养实践英才。

第五章　省级优秀教学团队建设[①]

　　高等职业学校肩负着培养服务区域发展的高素质技术技能人才的重要职责，而教师队伍是发展职业教育的第一资源，教师队伍建设是加快推进职业教育现代化的基础性工作。职业院校开展优秀教学团队建设，可以全面提升教师教育教学能力及团队协作能力，打造师德高尚、技艺精湛、专兼结合、充满活力的高素质"双师型"教师队伍，可以为全面提高复合型技术技能人才培养培训质量提供强有力的师资支撑。

　　河源职业技术学院旅游管理专业从开办之初就十分重视教师队伍建设，注重专业带头人、骨干教师、双师型教师和兼职教师的培养，为提高人才培养质量及开展教育教学改革提供了有力的师资保证。2009 年，旅游管理专业被评为河源职业技术学院优秀教学团队，2014 年俞彤老师主持申报省级优秀教学团队，2015 年获得省教育厅立项，2020 年通过验收正式成为广东省高职教育优秀教学团队。

第一节　团队建设基础

一、旅游管理专业历史沿革

　　2003 年，河源职业技术学院开设旅游管理专业，设有旅游管理和酒店管

[①] 本章资料来源于河源职业技术学院旅游管理专业申报广东省高职省级优秀教学团队建设方案。

理方向，2004 年酒店管理方向升为酒店管理专业，2005 年成为校级示范性建设专业，同年加入河源市饭店业协会；自 2006 年起，专业加快引进优秀人才，引进教授 1 名，副教授 1 名，硕士毕业生 4 名，2007 年 5 月被批准为广东省示范性建设专业；2009 年 9 月，成为中国旅游协会教育分会、广东省旅游协会理事单位。专业团队注重与企业进行深度合作，积极拓展校外实习基地，选派教师到企业锻炼，聘用企业技术人员做兼职教师，鼓励教师获得行业中高级资格证，提升教学水平和社会服务能力。

2009 年，旅游管理专业获得"河源职业技术学院优秀教学团队"称号，同年，学院被广东省旅游局授予广东省旅游行业技能培训基地；2010 年，获得"广东省旅游教育培训先进单位"称号；2010 年，通过验收，成为广东省高职高专示范性专业；2011 年，获得中央财政支持高等职业学校提升专业服务产业发展能力项目，并得到 240 万元经费支持；2012 年，成为广东省示范性高职院校重点建设专业。

二、团队成员

目前，旅游管理专业教学团队共 28 人（包括团队带头人），其中学校专任教师 14 人，来自行业企业的兼职教师 14 人。专任教师中有副教授 3 人，讲师 10 人，专任教师分别具有国家高级导游员、中级导游员、导游员、国家考评员、造型师、摄影师等职业资格证书，且有企业实际工作经历，"双师素质"教师占比为 85.7%；兼职教师均是来自旅游行业的专家。近年来，专业教学团队开拓进取，在课程建设、教学、科研、技能竞赛等方面取得丰硕成果。团队专任教师和兼职教师信息分别如表 5-1 和表 5-2 所示。

表 5-1　团队专任教师基本信息一览

序号	姓名	性别	学历	专业技术职务	职业资格	高校教龄（年）	讲授的主要课程
1	俞彤	男	本科	副教授	旅游咨询师	25	客源国概况
2	杨亮	男	硕士研究生	讲师	导游员、摄影师	6	景区服务与管理、旅游美学

序号	姓名	性别	学历	专业技术职务	职业资格	高校教龄（年）	讲授的主要课程
3	朱智	男	博士研究生	副教授	中级导游员	8	旅行社经营与管理
4	胡晓晶	女	博士研究生	副教授	中级导游员	8	旅行社经营与管理、旅游政策法规、旅游概论
5	杨红霞	女	本科	讲师	高级导游员	11	旅游服务礼仪、导游业务、模拟导游
6	张颖	男	本科	讲师	中级导游员	8	旅行社计调业务、旅游市场营销
7	伍新蕾	女	硕士研究生	讲师	导游员、高级礼仪培训师	6	服务礼仪、全国导游基础知识、旅游服务心理学
8	谢倩	女	硕士研究生	讲师	导游员、高级化妆师	5	旅游英语、出境领队实务
9	邱旭辉	男	本科	助教	客房考评员	17	客源国概况、广东导游基础
10	曾惠华	女	本科	助教	高级经理人	2	酒店人力资源管理、酒店服务心理学、酒店经营与管理
11	唐继旺	男	本科	讲师	餐厅服务考评员	9	职业素养训导、专业实习
12	黄蔚红	女	本科	讲师	高级调酒师、中级咖啡师	10	酒店服务礼仪、餐饮服务与管理
13	史万莉	女	本科	茶艺师	讲师	9	前厅服务与管理、茶文化与茶艺
14	余丽	女	硕士研究生	助教	高级咖啡师、导游员	5	客房服务与管理、会议服务与管理、温泉旅游管理实务

表 5-2　团队兼职教师基本信息一览

序号	姓名	性别	学历	职业资格	所在单位	工作岗位	承担的教学工作
1	陈光烈	男	本科	工程师	绿湖旅游发展有限公司	总经理	认识实习

序号	姓名	性别	学历	职业资格	所在单位	工作岗位	承担的教学工作
2	周维国	男	本科	经济师	河源市万绿湖旅行社	总经理	旅行社经营管理
3	赖金凤	女	硕士研究生	导游员	河源博物馆	馆长助理	认识实习、毕业设计
4	吴良生	男	博士研究生		三友集团客家文化学院	院长	全国导游基础知识
5	李珊君	女	硕士研究生	导游员	河源市旅游局	科长	旅游市场营销、毕业设计
6	黄　文	男	硕士研究生	助理工程师	河源市行政服务中心	副科长	客源国概况、毕业设计
7	陈建锋	男	专科	导游员	河源镜花缘旅游有限公司	总经理助理	认识实习、专业实习
8	张淑娟	女	本科	导游员	河源市万绿湖旅行社	营业部经理	导游业务、模拟导游
9	王志欣	男	本科	导游员	东莞青年国际旅行社	导游部主管	专业实习
10	刘承海	男	本科	经济师	河源市桂山风景区	副总经理	专业实习
11	黄乃毅	男	硕士研究生	工程师	河源巴登新城投资有限公司体育公园	执行总经理	高尔夫概论
12	罗丽娜	女	硕士研究生	旅游管理讲师	河源市广播电视大学	主任	餐饮服务管理
13	吴艾略	男	本科		河源市翔丰国际酒店	人力资源部总监	毕业实习
14	卢淦钊	男	本科	导游员	东莞东华国际旅行社	导游部总监	专业实习

三、团队专业建设、课程建设和教学改革成果

（一）构建并实施了"内外交替、真岗培养"的人才培养模式

按照"理论实践一体化、实训基地企业化、教学实训项目化、素质培养

全程化"的建设思路，依托"校中厂"万绿湖旅行社大学城营业部，"厂中校"御临门温泉度假村，导游俱乐部、导游义工队，与河源万绿湖旅行社、东莞青年国际旅行社等旅游企业进行深度合作，构建并实施了"内外交替、真岗培养"的"工学结合"人才培养模式。

（二）构建了以岗位职业能力培养为核心的专业课程体系

旅游管理专业课程体系构建始终围绕学生职业能力训练这一中心，即将课程与培养目标、基本要求及能力模块进行有机对应与结合，不单纯追求学科的系统性和完整性，而是筛选出与此相关学科中同培养目标直接对应的、使用频率较高的知识内容，结合技能教学，形成一个以能力培养为中心的教学体系。

（三）建设了设施设备先进、能满足学生全程实训（实习）的校内外实习基地

为满足人才培养需求，旅游管理专业教学团队组织建设了多个功能比较完善、设施设备先进的校内实训室，如"校中厂"——万绿湖旅行社大学城营业部、导游培训室、形体礼仪实训室、数字化实训室、模拟导游实训室、旅游商品实训室，类型多样的校内实训室不仅满足了实践教学的需求，而且能实现社会培训、技能鉴定等功能。建立了14家紧密型校外实习基地，能满足学生半年顶岗实习的需要。

（四）团队分工协作，形成校企共育人才的良好机制

专兼职教师共同设计人才培养方案，制定课程标准，专任教师主要负责公共基础课程及专业平台课，兼职教师参与综合实践课程教学和实习实践教学。专兼职教师在教学组织过程中共同研讨教学方法及考试、考核方法的改革，进行课程、实习实训基地及教学资源建设，共同完成对学生理论知识和实践技能的考核与评价。

（五）专业团队培养了大量优秀旅游人才，为广东旅游业发展作出贡献

专业团队根据河源及广东省旅游业快速发展的需要，与河源及广东省知

名旅游企业进行紧密合作，培养掌握旅游服务与管理的基本理论与技能，可从事旅行社导游、计调、外联、旅游产品营销，景区服务和管理、国际领队、航空票务等工作，具有良好职业道德的高级技能型专门人才。经过 12 年的努力和建设，已经培养 9 届毕业生，为广东省培养了将近 800 名具备扎实专业知识和较高职业技能水平及实践动手能力强的优秀旅游人才。多年来毕业生双证书率（毕业证+职业资格证）达 100%，近三年毕业生初次就业率平均达 98.1%，毕业生跟踪调查显示，毕业生专业对口率达 80.5%，用人单位对旅游管理专业毕业生综合能力有较高的评价，诸多毕业生已经成长为所在企业的骨干力量。

近五年学生技能比赛省级以上获奖 29 项，其中省级以上一等奖 15 项，获得 2014 年全国职业院校技能比赛导游服务项目一等奖，神州视景全国导游技能大赛团体一等奖、个人一等奖，广东省挑战杯科技竞赛特等奖等。

（六）团队在教研、 科研以及教改方面的成果

在专业带头人的引导下，团队重视教学改革及科研工作，取得不俗成果。建设广东省省级精品课 1 门，广东省精品资源共享课 1 门，校级精品课 6 门；主编教材 8 部；主持省市级教科研课题近 30 项，发表论文 110 余篇；获得省级以上团体奖励 1 项，个人奖励 9 项，重要市级奖励 2 项，校级以上教学成果奖 6 项；获得国家旅游规划丙级资质，开展社会服务及培训 32 项，进账经费约 56.5 万元，具有较强的社会服务能力。

第二节　团队建设目标与措施

一、团队建设指导思想与目标

积极倡导"责任良知、规则意识、绩效观念、团队精神"的校本文化，努力营造"方正、博学、允能、创新"的良好教风，以"传德技之道，育贤能之才"为总体要求，以全面提升团队师资的整体素质为核心，以专兼队伍

结构为重点，以提高人才培养质量为目标，以高层次创新型高技能人才队伍建设为突破口，努力建设一支既能适应高等职业技术教育改革与发展需要，又能为地方企业提供技术服务的高素质、高技能、专兼具备、结构合理的优秀教学团队。

二、团队建设措施

根据"引聘名师、培养骨干、校企合作、专兼结合"的原则，拓展师资队伍的聘用渠道，实施激励与制约相结合，健全管理机制，采取"引进、聘用、送出深造、下企业、以老带新"和专任教师与企业技术人员"互兼互聘，双向交流"等措施，致力于建设"双师型"优秀教学团队。具体举措如图 5-1 所示。

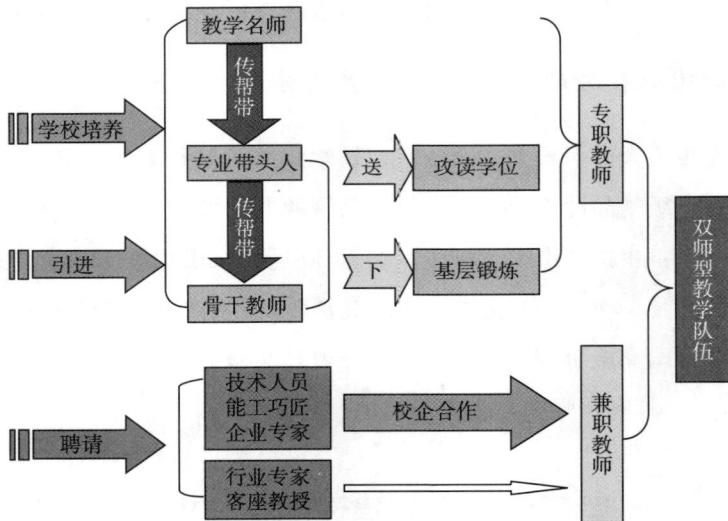

图 5-1　团队建设举措

第三节　团队梯队建设规划

旅游管理专业教学团队将以广东省示范性高等职业院校重点专业建设为契机，以省级教学团队建设要求为标准，依据广东区域经济和旅游行业的发展情况，结合校企合作的实际，制定切实可行的团队建设规划、教师职业生涯规划和团队成员的具体培养目标，以保证团队的可持续发展。

团队今后的建设重点是团队梯队建设，人才培养模式、课程体系的改革与完善，专业核心课程建设，教材与网络课程建设等。

一、团队带头人培养

通过出国考察和学习、国内专项进修和交流、企业兼职等方式，加强团队带头人专业建设能力的培养，使其成为团队的领军人物、行业知名专家。要求专业带头人承担教研、科研课题，负责专业教师队伍建设，带动骨干教师进行课程开发，主持核心课程建设工作。聘任 1 名在行业有影响力的专家为兼职专业带头人，使其参与专业建设及课程开发，负责校内外实训基地规划和建设工作，带动骨干教师开展实训项目开发、实训室建设与改造，开展对外技术服务，解决行业技术难题，带动专业实践教学的改革。具体如表5-3所示。

表5-3　旅游管理专业教学团队带头人培养计划

培养对象	培养措施	培养要求
杨亮、 周维国（企业）	①参加学术交流； ②指导专业人才培养模式、课程体系改革； ③面向企业开展技术服务； ④教学能力培训	①主持完成专业人才培养模式总结报告； ②指导专业人才培养方案制订； ③主持横向课题 1 项以上； ④指导青年教师 2 人以上

二、团队骨干教师培养

通过参加高等职业学校专业骨干教师培训，高职教育研讨会和经验交流，到河源市万绿湖旅行社、广州南湖国旅、东莞青年国际旅行社等合作企业挂职锻炼，参加新技术培训等活动，培养 8 名骨干教师，提升其高职课程开发能力、实践动手能力，丰富其教育教学理论和专业知识，使他们成为专业建设和课程开发的核心力量。要求每人主持或参与专业课程开发和精品课程建设项目1项；每人主持或参与科研项目1项，发表论文5篇，使他们成为科研课题研发的核心力量，推动本专业的教学改革与发展。具体如表5-4所示。

表5-4　旅游管理专业教学团队骨干教师培养计划

培养对象	培养措施	培养要求
朱智、张颖、伍新蕾、杨红霞、谢倩、曾惠华、邱旭辉、唐继旺	①参加相关培训、学术交流； ②参与人才培养模式与课程体系改革； ③主持或参与课程资源库建设； ④主持实训室建设； ⑤企业挂职锻炼； ⑥项目开发	①完成课程资源库建设； ②完成实训室建设； ③完成核心课程标准； ④参与纵横向课题研究3项以上； ⑤取得培训证书； ⑥参加技术培训或学术交流1次以上

三、"双师"素质教师培养

利用校内外培训、企业挂职锻炼、学校企业岗位互换等形式，对教师进行校企联合培养。每年安排1名以上教师下企业，进行旅游电子商务、出境旅游领队、导游等方面的锻炼。聘请一线知名专家开展新技术应用讲座。邀请企业能工巧匠指导培养教师的科研开发能力、旅游企业管理能力、旅游线路设计能力，使专业教师中具有"双师"素质的教师比例达到100%，专业教师具有行业企业工作经历者达到90%。鼓励教师参加各级各类职业技能大赛，指导学生参加各级各类职业技能大赛，指导旅游协会等学生社团工作，全面提升教师的"双师"素质。

四、兼职教师队伍培养

扩大兼职教师队伍，建设16人以上的兼职教师队伍。聘用精通企业生产过程，熟悉导游、计调、国际领队、市场营销及旅行社经营管理工作，有丰富实践经验、操作技能和一定专业基础知识的能工巧匠6名，使其承担校内技能训练指导、校外顶岗实习指导及课程开发等工作，确保兼职教师承担的专业课学时比例达到50%。

五、人才培养模式、课程体系改革与完善

以广东省经济特定需求为基础，积极探索"工学结合"人才培养模式改革道路，进一步完善"工学结合"人才培养方案；完善校企合作办学制度、教学评价制度；完善基于职业岗位需求和工作过程导向的专业课程体系；进一步加强产学合作、校企共建的校内外实训实习基地建设。

继续完善并实施"内外交替、真岗培养"人才培养模式。以导游、计调、营销、旅行社部门经理等岗位群及对应的工作任务为切入点，以岗位能力培养为主线，校企合作共同开发基于导游带团、计划调度、市场营销、公关外联等工作任务的课程，构建基于核心岗位典型工作任务的课程体系，建成 1 门省级精品资源共享课程，1 门校级精品课程，3 门校级优质课程，编写"工学结合"特色教材 2 种，建设 1 个专业教学资源库。

六、社会服务能力建设

1. 社会培训

坚持"立足河源、服务广东"的服务定位，走"职业培训、技术服务并举"之路，广泛开展社会培训。以学校产学研服务平台为依托，以旅游酒店综合实训中心（"校中厂"）为载体，建立旅游规划与发展研究中心、酒店管理咨询研究中心、客家菜研究中心的联动机制，整合旅游、酒店、烹饪三方面的资源，使它们成为河源及广东省内行业技术咨询与信息服务平台。根据河源及周边地区旅游企业的需求，面向企业员工开展技能培训、技能鉴定、技术讲座等服务，推广旅游产业的新技术、新理念。结合广东省旅游培训基地的建设，开展针对区县及周边旅游企业一线服务人员的社会职业培训和再就业培训。与河源市旅游局合作，发挥全国导游人员资格考试考点的作用，开展考前培训、岗前培训、政务接待导游培训等，参与全国导游人员资格考试口试考评工作。建设期内，完成各类培训 800 人次以上，完成技能鉴定 300 人次以上。

2. 技术服务

面向河源及周边地区开展旅游产品设计、营销策划、景区策划等技术服

务，引导和激励教师主动为企业和社会服务，参与企业科研立项、技术攻关项目。依托专业办学优势，积极与行业企业进行技术合作，发挥旅游酒店综合实训中心（"校中厂"）团队技术优势，为企业开展技术服务。建设期与行业企业合作开展东莞青旅品牌管理、镜花缘景区中层提升专题讲座、万绿湖风景区创 AAAAA 级提升工程等技术服务项目。依托河源市旅游协会、旅行社协会等行业、企业资源，积极搭建"一个中心，一个团队"，即旅游酒店综合实训中心、旅游管理专业技术服务团队，深入企业开展技术服务。建设期内，为企业提供技术服务项目 5 项以上，立项科研课题 6 项以上，实现技术服务收入 12 万元以上。

七、教材建设

旅游专业教学团队根据专业发展及时编写新教材或修订已有教材，完成有自身特色的专业系列教材编写；校企合作重点编写好实训教材、实训教学指导书和实训手册。

在专业建设指导委员会的指导和协助下，专兼职教师共同编写出版《旅游市场营销》《旅游服务礼仪与形体训练》2 种"工学结合"特色教材，详见表 5-5。

表 5-5 "工学结合"教材建设一览

序号	教材名称	合作单位、企业	负责人	完成时间
1	旅游服务礼仪与形体训练	河源市旅游局	伍新蕾、杨红霞、黄蔚红、李伟萍（兼职）	2014 年
2	旅游市场营销	河源万绿湖旅行社	张颖、唐继旺、邱旭辉、张淑娟（兼职）	2016 年

第四节　制度保障

目前，旅游管理专业教学团队通过校企合作实现了专任教师与企业中高层管理人员的互兼，构建了由专业教师和企业高管组成的校企教学团队和管理创新团队，师资队伍结构得到了优化，基本上建成了学历结构和专兼比例合理的高素质教学团队。为保障专兼任教师在企业经验、教学科研水平、社会服务能力等方面进一步提升，促进兼职教师队伍更强大，并与专任教师形成优势互补的良好局面，专业团队逐步制定了相关制度，并采取措施使专兼相结合的教学团队更加优秀。

一、专任教师管理制度

学校重视专业教师的培养，先后出台并实施了《河源职业技术学院骨干教师评选及培养工作管理程序》《河源职业技术学院专业带头人遴选与培养管理程序》《河源职业技术学院职教能力测评管理程序》等一系列师资队伍建设鼓励政策和措施，全方位加强师资队伍建设工作。

专业团队的专任教师都要求有硕士研究生学历，并具备企业工作经历。每位专任教师每个学期都要接受督导、系领导、教研室老师不定期听课，每学期期末要将学生评分、督导评分和同行评分、教案评分、作业评分进行汇总并全院公示。

专业团队制定了人才培养计划。采用学位进修、学术交流、国内外访问学者、项目开发、技术服务和企业实践等方式，提高教师队伍的整体水平，提高教师的竞争意识和创新能力。依据学校出台的《河源职业技术学院教职工培训管理程序》与《河源职业技术学院教师顶岗实践管理办法》，有计划、分阶段组织专业教师深入企业进行锻炼，鼓励专业教师参加职业培训和技能鉴定，获得职业资格证书。

二、兼职教师管理制度

根据《外聘教师聘用与培养管理程序》，旅游管理专业教学团队建立并完善了《兼职教师引进制度》《兼职教师管理制度》，有效地吸引了旅游企业的中高层管理人员承担专业的理论和实践教学任务，保障了本专业的兼职教师需求。

建立健全兼职教师的教学管理制度，并完善兼职教师资源库和业务档案，建立健全包括人事制度和劳动补偿制度在内的兼职教师人事管理机制。根据专业建设需要，要求兼职教师参与专业建设、课程开发及实习实训教学，逐步形成核心实践技能课程主要由具有相应高技能水平的兼职教师与校内专任教师共同讲授的机制，确保专业专任教师专兼比例为 1∶1，兼职教师承担的专业课学时比例要达到 50%，以保证教学内容跟上行业发展的步伐。

三、兼职教师教学质量监控与评价机制建设

一方面，要强化过程监控，加强对特聘兼职教师教学和管理的检查指导；另一方面，要建立奖惩激励机制，对于工作做得较好的特聘兼职教师予以奖励，发挥特聘兼职教师资助经费的使用效益。为确保兼职教师的教学水平和质量，达到"能引进来，用得好"的效果，旅游管理专业教学团队结合教务处文件制定了《兼职教师授课前试讲制度》《兼职教师听课制度》《兼职教师授课与考核制度》《教学督导听课制度》，真正确保其教学质量。

四、兼职教师弹性教学模式设计制度

针对兼职教师的特殊需求，实施弹性教学安排模式，即灵活安排教学时间和教学内容。可以安排兼职教师到学校承担课堂教学工作，也可以组织兼职教师与学校专业教师共同开发实践教学课程内容，负责学生技能训练指导，承担实践教学任务。

五、专任教师下企业锻炼管理

按照《关于河职院"双师"双向交流实施意见》，旅游管理专业教学团队有计划地安排教师进企业挂职锻炼，鼓励专业教师与企业合作开展项目或进行技术产品开发，到各个县区做科技特派员，帮助教师获取专业技术职称或考取技术资格证书，建立教师和行业企业技术岗位人员定期交流制度，提升"双师"素质和职业素养，并制定了《专任教师下企业管理办法》《专任教师下企业考核办法》等制度。

六、资金保障

学校在师资队伍建设的各项目中均有配套的资金支持，为教学团队在师资建设、专业建设、课程建设及社会服务等方面提供了专项资金保障。

根据学校相关政策，在教师培训方面分校、院两级管理，即学校人事处统筹校级参加培训人员资金；院级统筹本院教师培训经费，院级培训经费每年按人均 2000 元拨付给各部门。

本专业被列为中央财政支持专业，广东省示范性高等职业院校建设项目院校重点建设专业。在建设经费规划和预算中，有专项资金保障教学团队建设资金需要。

第五节　预期效益分析

一、专业教学团队整体水平显著提高

旅游管理专业教学团队根据师资队伍建设规划，推进"双师"双向交流机制的实施，创新"双师"教师培养的新路径，团队的教育教学能力、实践动手能力和技术服务能力显著增强。专业带头人专业建设与教学研究的能力明显增强，行业影响力不断扩大，逐渐成为专业领军人物；骨干教师教学科研水平得到明显提高，社会服务能力显著增强；专业专任教师"双师"素质得到明显提升；建立兼职教师库，通过与企业进行深度合作，人员互聘，确保兼职教师的质量和数量，打造一支相对稳定的兼职教师队伍。进一步实施教师进企业锻炼制度，选派专业教师参与工程实践、企业技术开发工作，建立起"双师"素质教师可持续发展的良性机制，打造一支专兼结合、结构优化、梯次合理的师资队伍。

二、课程体系更加合理，人才培养质量全面提高

旅游管理专业教学团队进一步深化改革人才培养模式，形成专业培养目标

和企业需求耦合的校企合作、"工学结合"长效运行体制机制，优化了基于核心岗位典型工作任务的课程体系，"内外交替、真岗培养"的人才培养模式改革成效显著，使本专业的人才培养质量得到全面提高，双证书获取率达100%，毕业生就业质量显著提高，就业率稳定在98%以上，企业满意度在95%以上。

三、团队社会服务能力显著增强，社会影响和辐射作用日益扩大

教学团队通过开展社会服务能力建设，为企业提供技术服务项目5项以上，立项科研课题6项以上，实现对外技术服务收入达12万元以上；为社会人员及在校生提供导游岗前培训、旅游服务技能培训等800人次以上，技能鉴定300人次以上，进一步提升了专业教师的企业经验、巩固与行业企业良好的校企合作关系，为校内外实习实训基地建设良好运作奠定基础。通过为行业企业和社会人员提供短期培训和继续教育服务、与行业企业开展横向课题研究和咨询服务，专业教师的社会服务能力和行业影响力进一步增强。

第六章　旅游管理专业群人才培养质量

旅游管理专业群坚持以提高人才培养质量为根本目标，积极践行"内外交替、真岗培养"的专业群人才培养模式，注重"以赛促教、赛教融合"。专业群经过 20 年的努力和建设，已经培养了 17 届毕业生，为广东省培养了近2000 名具有扎实专业知识和较高职业技能水平，实践动手能力强的优秀旅游人才。学生参加各级技能比赛获国家级奖 14 项，省级奖 70 项，获奖等级和数量均位居省内同类院校前列。多年来毕业生双证书获取率（毕业证＋职业资格证）达 100％，毕业生就业率接近 100％。毕业生跟踪调查显示，毕业生专业对口率达 80.5％，用人单位对旅游管理专业毕业生综合素质有较高的评价，诸多毕业生已经成长为所在企业的骨干力量。

第一节　学生主持原国家旅游局项目

专业群学生德技兼备，2015 年、2016 年主持原国家旅游局"万名旅游英才计划"之"实践服务型英才培养项目" 8 项，体现了学生团队的综合实力，具体如表 6-1 所示。

表6-1　原国家旅游局"万名旅游英才计划"之"实践服务型英才培养项目"

项目名称	支持单位
河源市文明旅游宣传教育志愿活动	原国家旅游局 （文化和旅游部）
河源旅游景区亲自然近文明环保旅游宣传教育志愿活动	
提升黄龙岩畲族旅游服务区质量志愿活动	
广东连平鹰嘴蜜桃休闲旅游产业服务提升工程	
"客家古邑，万绿河源"文明旅游宣传志愿活动	
AAAA级景区万绿湖风景区导游义工服务	
文明旅游宣传教育	
河源乡村旅游志愿者服务	

第二节　学生参与公益组织

依托校企合作公益组织"河源市导游义工队""青年益工社"及"唐汉团队"，学生扎实开展政务接待、万绿湖景区讲解、河源恐龙博物馆和市博物馆讲解，组织文明旅游管理、教师节奉茶、梧桐茶会等公益活动，培养新生代旅游人"敬业、乐业、专业"职业素养。

"河源市导游义工队"组织专业学生在周末和节假日为河源市行政机关进行政务接待，为河源万绿湖景区、河源恐龙博物馆和市博物馆进行讲解，为河源旅游文化节服务等，有效训练了学生的职业素养。

"青年益工社"致力于打造有效衔接在校大学生成长发展需求与社会公益资源的枢纽，继承、传播、弘扬惜茶爱人的公益精神，促进大学生养成每年至少参与80小时公益服务的习惯。比如举办新生奉茶和教师节奉茶、创新茶艺表演大赛、茶山摄影游学、校园接待、七彩书屋公益活动、梧桐茶会等，如图6-1所示。

图 6-1 "青年益工社"组织学生参加公益活动

"唐汉团队"依托客家菜师傅培训学院，不仅助力河源客家菜厨师培养，也前往河源客天下温泉度假村、河源翔丰国际酒店、到吉民宿等旅游企业参加实践学习，如图 6-2 所示。

图 6-2 "唐汉团队"组织学生参加实践学习

第三节 学生综合素质高

一、职业技能资格证书获取率高

专业群毕业生职业技能等级证书考试通过率高，近三届毕业生职业资格证通过率达 100%。毕业后，学生依然注重对职业技能的提升，如毕业生肖威考取国家高级导游资格证，另有 8 名毕业生考取国家中级导游资格证。

二、学生竞赛获奖数量位居省内同类院校前列

专业群坚持以提高人才培养质量为根本，强调"以赛促教、赛教融合"，构建"三级平台、两个机制"竞赛模式，通过对竞赛内容的梳理、分析与研究，明确教学改革的思路，进而调整课程体系与技能培训方案，把竞赛的内容和考核标准应用到日常教学、校内技能比赛、专业社团活动过程当中。所谓"三级平台"主要是指校园导游大赛+酒店风采展+烹饪技能大赛平台、广东省省级导游技能竞赛+广东省中餐主题宴会设计竞赛+广东省烹饪技能竞赛平台、国家级导游技能竞赛+国家级中餐主题宴会设计竞赛+国家级烹饪技能竞赛平台；两个机制主要指专业设定的"技能比赛人才选拔机制"和"人才的培育培养机制"。自竞赛模式实施以来，学生专业技能明显提升，不断在各级专业技能大赛中获得优异成绩，学生各项竞赛成果如表6-2所示。专业群学生获奖的数量和等级不断提高，树立了专业群竞赛能手的品牌形象，为学校赢得良好声誉。

表6-2 学生各项竞赛成果一览

竞赛类型	获奖等级与数量
全国职业院校技能大赛	一等奖2项，二等奖1项，三等奖1项
全国旅游院校服务技能大赛	团队一等奖2项，一等奖4项，二等奖6项，三等奖4项
广东省职业院校技能大赛	一等奖14项，二等奖15项，三等奖21项
"挑战杯"广东大学生课外学术科技作品竞赛	特等奖3项，一等奖1项，二等奖1项，三等奖1项
"挑战杯—彩虹人生"广东职业院校创新创效创业大赛	一等奖2项，二等奖1项，三等奖1项
"挑战杯•创青春"广东大学生创业大赛	银奖1项，铜奖1项
中国"互联网+"大学生创新创业大赛广东省分赛	铜奖1项

三、毕业生就业率和就业质量高

旅游管理专业群于2012年建立了毕业生就业跟踪调查机制，近三年的数

据显示，学生就业对口率、用人单位满意度及学生就业满意度均比较高。

（一）毕业生就业率和专业对口率高

旅游管理专业群实行专业实习和毕业实习贯穿，就业指导与就业培训相结合的方式，学生在毕业之前就已经与实习单位达成就业意向。专业每年邀请优秀毕业生返校开展职业规划讲座，同时聘请企业兼职教师在就业方面给予指导。毕业生就业率高，2017级、2018级旅游管理专业毕业生的初次就业率均在98.2%以上。

根据麦可思等第三方调查机构对本专业2015级、2016级毕业生的跟踪调查，应届毕业生初次就业对口率分别达75.3%和76.4%，其中69.2%的学生毕业后留在原实习单位。

（二）用人单位对毕业生评价高

对旅游管理专业群2015级、2016级毕业生的跟踪调查结果表明，用人单位对旅游管理专业群毕业生认可度较高。调查结果表明，91.2%的毕业生被用人单位评价为"称职"，其中优良率为61.8%，只有8.8%的毕业生被用人单位评价为"不称职"。用人单位普遍对本专业的毕业生感到满意，认为他们专业知识掌握牢固，工作能力强，特别是专业岗位基本技能很强。

河源万绿湖旅游发展有限公司总经理周维国认为，河源职业技术学院旅游管理专业群的学生专业基础好，旅行社管理软件使用熟练，服务意识强，与人交流能力强。

河源市客天下文化旅游管理有限公司总经理张小山认为，河源职业技术学院旅游专业群毕业生专业知识和技能掌握牢靠，在工作中能够尊重他人，团结协作精神强，能够很快适应岗位技能的要求。

目前，旅游管理专业群培养的毕业生已经成长为河源万绿湖旅行社、东莞青年旅行社、东华国际旅行社、巴伐利亚庄园、金马国旅、御临门温泉度假村等多家旅游企业的骨干力量。

下　篇
产教融合校企合作的探索与实践

第七章　旅游管理专业群产教融合校企合作的发展历程

　　河源职业技术学院旅游管理专业群从开办起就非常重视校企合作，自2005年起，就先后与河源假日酒店、万绿湖景区、万绿湖旅行社等企业签订校企合作协议，至2023年专业群的校企合作共经历了4个阶段，即以顶岗实习、半工半读为主要形式的"工学结合"阶段（校企合作1.0时代）、以紧密合作订单班为主要形式的校企全面合作阶段（校企合作2.0时代）、以现代学徒制为主要形式的校企双主体办学、学校主导阶段（校企合作3.0时代）、以产业学院为主要形式的校企命运共同体阶段（校企合作4.0时代）。

　　旅游管理专业群在产教融合校企合作方面取得了一些标志性成果，2015年，校外兼职教师、广东万绿湖旅游发展有限公司总经理周维国被广东省教育厅认定为广东高职院校高层次技能型兼职教师。2020年10月，广东客天下实业有限公司和广东万绿湖旅游经营管理有限公司被评为广东省第一批建设培育的产教融合型企业，校企合作走上了产教融合的发展之路。

第一节　校企合作 1.0 时代

　　校企合作的1.0时代是以顶岗实习、半工半读为主要形式的"工学结合"阶段。

一、专业链对接产业链，构建旅游管理专业群

河源市是全国优秀旅游城市，为了服务地方旅游业的发展，将专业链建在产业链上。河源职业技术学院于 2003 年开办了旅游管理专业，2005 年开办了酒店管理专业，2010 年开办了烹饪工艺与营养（后更名为烹调工艺与营养）专业。至此，河源职业技术学院构建了旅游管理专业链（群），专业链（群）与河源旅游产业链对应性强：旅游管理专业对应游览、购物和娱乐业，酒店管理专业对应住宿休闲业，烹调工艺与营养专业对应酒店餐饮业，实现了专业链与产业链的无缝对接，奠定了产教融合、校企合作的基础。

二、开展校企合作、工学结合

河源职业技术学院旅游管理专业群从开办起就非常重视校企合作，自 2005 年起，先后与河源假日酒店、万绿湖景区、万绿湖旅行社等企业签订校企合作协议，早期的合作有以下两种形式。

（一）酒店管理专业顶岗实习、半工半读的"工学结合"人才培养模式

2005 年 9 月，河源职业技术学院与河源假日酒店签订了酒店管理专业"工学结合"校企联合办学协议，开始了酒店管理专业"顶岗实习、半工半读""工学结合"人才培养模式的实践，校企双方制订顶岗实习、半工半读的专业教学计划，建立和完善了顶岗实习、半工半读的"工学结合"管理制度。

（二）旅游管理专业的"校中厂"人才培养模式

2008 年，万绿湖旅游经营管理有限公司在河源职业技术学院校内设立"校中厂"——万绿湖旅行社大学城营业部，企业参与教学管理和实习的全过程，学生参与营业部的实际运营和管理。

2012 年在河源职业技术学院成立了"万绿湖校园导游俱乐部"，2014 年，

校企双方共同牵头在民政局注册成立"万绿湖导游义工队",为旅游管理专业学生提供了全新的校内外实践平台。

第二节　校企合作 2.0 时代

校企合作的 2.0 时代是以紧密合作订单班为主要形式的校企全面合作阶段。

2010 年,河源职业技术学院酒店管理专业和烹饪工艺与营养专业与河源主要的酒店餐饮企业合作,分别成立了翔丰酒店班、假日酒店班、御临门温泉班和阿具土菜馆班等订单式培养班级,校企双方进行了更加全面的合作,企业参与招生、教学、管理和实习的全过程。主要合作内容有以下 7 个方面:①校企共同制订人才培养方案;②系统设计"顶岗实习、半工半读"的教学模式;③共同开发课程和教材;④企业设立奖学金资助学生;⑤学生提前接受企业文化教育;⑥校企共同组建教师队伍;⑦学校为企业提供技术服务。

在这个阶段,企业参与校企合作的积极性有了较大提高,企业开始全面参与人才培养。

第三节　校企合作 3.0 时代

校企合作的 3.0 时代是以现代学徒制为主要形式的校企双主体办学、学校主导阶段,在这个阶段,企业进一步承担了实施职业教育的义务。

2018 年 6 月,河源职业技术学院与广东客天下实业有限公司联合申报教育部第三批现代学徒制试点并获得立项,校企双方开始了双主体育人的探索与实践。

一、招生招工一体化

校企联合制订招生招工工作方案,明确招生招工的各项要求;为充分保障学生学习的权利,学校、企业、学生签订了现代学徒制三方协议,明确校企生三方的责任权利，为下一步学生到企业学习明确了方向和目标。2018年，酒店管理专业通过先招生再招工的方式，经过筛选，将20位酒店管理专业的学生转到客天下现代学徒制储备干部精英班，学生被录取后，为他们发放学徒工作服、节日福利，购买商业保险和社保。2019年和2020年直接在高考中招生，2019年招生25位学生，2020年招生22位学生。

二、建立现代学徒制校企合作机制

校企联合建立了人才共育、过程共管、成果共享、责任共担的现代学徒制校企合作机制，签署了校企双主体育人协议，从招生招工一体、培训基地建设、岗位课程开发、双导师队伍建设、学徒培养评价五个维度展开校企办学合作，在学校基础学习——企业认知体验——学校专业学习——企业岗位培训——企业岗位实践五个阶段协同育人，实现产业学徒培训主体融合、产教融合、师资融合、文化融合。

第四节　校企合作4.0时代

校企合作的4.0时代是以产业学院为主要形式的校企命运共同体阶段。

2020年10月，广东客天下实业有限公司和广东万绿湖旅游经营管理有限公司成为广东省第一批建设培育的产教融合型企业，校企走上了产教融合的发展之路。2021年1月，河源职业技术学院与广东客天下实业有限公司（广东鸿客实业集团有限公司）、河源春沐源旅游文化有限公司、广东万绿湖旅游经营管理有限公司三家企业合作，分别成立了河源职业技术学院·鸿客集团文旅创新学院、河源职业技术学院·春沐源现代服务产业学院、河源职业技术学院·万绿湖文旅产业学院，联合打造校企命运共同体。通过打造校企命运共同体，可以调动企业参与办学的积极性，推动人才培养供给侧和产业需求侧结构要素全方位融合，校企在人才培养、服务创新、社会服务、就业创业、文化传承等方面开展深度合作，实现校企共同建设、共同管理、发展共赢、利益共享。校企命运共同体使企业成为产教融合、校企合作的主导力量。

第八章　省级大学生校外实践教学基地建设[①]

为了推动高职院校转变教育思想观念，改革人才培养模式，加强校外实践教学环节，提升学生的创新精神、实践能力、社会责任感和就业能力，建立与行业、企事业单位联合培养人才的新机制。2012 年，广东省教育厅在省高等学校教学质量与教学改革工程中新增了大学生实践教学基地项目，俞彤老师主持的翔丰国际酒店校外实践教学基地进行了申报，2013 年获得广东省大学生校外实践教学基地建设项目立项，2014 年通过验收。2016 年，唐继旺老师主持的紫金御临门温泉度假村酒店管理专业校外实践教学基地和杨红霞老师主持的河源东源县万绿湖旅游发展有限公司旅游管理专业校外实践教学基地获得省级大学生校外实践教学基地建设项目立项，2020 年通过验收。

第一节　东源县万绿湖旅游发展有限公司校外实践教学基地建设背景分析

一、时代需求

大学生实践是对在校大学生进行有组织有计划有目的的深入实际、深入社会、服务社会，完善学生知识结构和提高其应用能力、创新能力，实现理

[①]　本章资料来源于河源东源县万绿湖旅游发展有限公司校外实践教学基地申报建设方案。

论与实践有机结合，具有学校和社会教育双重属性的教育活动，对高校加强大学生教育工作起到了积极的推进作用。

通过建设大学生实践教学基地，赋予其高校学生的校外实践教育教学任务，将促进高校和行业、企事业单位、科研院所、政法机关等联合培养人才新机制的建立，也将推动高校转变教育思想观念，改革人才培养模式，加强实践教学环节，有效提升高校学生的实践能力和就业能力，增强学生的社会责任感。

实施学校与行业企业深度合作，通过"六个融合"（即融合学校资源和企业资源，加强实践教学基地建设；融合课程标准和企业标准，推行"教学做"一体化课程改革；融合专任教师和兼职教师，打造"双师"结构教学团队；融合学校学生和企业员工，推行实习与就业相融通；融合学校评价标准和企业评价标准，完善质量监控和评价体系；融合校园文化和企业文化，提升学生职业素质）等途径，将有效地提升学校的办学水平，在探索、实践"工学结合"的人才培养模式上取得良好的效果，更好地为社会输送企业急需的高素质技能型人才。

二、实践教学基地建设的必要性分析

实践教学基地建设是依据深入开展工作实践活动的根本目的和要求，在充分研究和把握大学生实践教学特点的基础上确立的；是大学生提高自身技能、理论融于实践的基础工程，没有实践教学基地的稳定性和深入性就没有大学生实践教学的长期性。目前，由于我国实践教育基地的建设尚不完善，大部分高校都存在以下问题。

（一）专业特色不突出

目前许多高校在建设实践教育基地时，缺乏深入调查、仔细研究，没有针对性地选择基地并设计实践教育活动内容，致使实践教学与课程体系脱节，不能达到培养目标和要求，其校外实践教育反而成为学校的任务和负担，导致校外实践教育不能体现时代精神，存在着建设目标不明确、专业特色不突出的问题。

（二）基地建设不稳定

有相当一部分高校的实践教育基地建设不稳定，活动缺乏连续性，往往是校方满足基地数量的增加，企业借此做一点自身宣传，最终导致虎头蛇尾，使基地建设无法深入开展下去，达不到原有的目的。一方面，高校缺乏长远的规划，不能深入调研、仔细研究实践活动中产生的问题，从而不能发挥专业优势；另一方面，社会对大学生实践教育活动的认识不够，一些企业把高校的实践教育活动当成负担，一些企业则借此炒作，没有真正为高校提供有效的实践资源。

（三）组织实施形式单一

适当的活动形式是实践教育顺利开展的保障。但是，目前的状况是即使建立起与专业科研相配套的实践基地，也缺乏体现专业特色、发挥专业优势的活动形式。社会实践活动形式陈旧、单一、流于表面，没有较好地整合实践资源，不能深入挖掘并研究问题，致使学生不能在实践活动中提高专业技能。同时，有些基地建设由于缺乏相关领域的专业技术人员指导，企业难以从中受益。

因此，综上所述，建立一个稳定、深入、紧密合作、针对性强的大学生实践教育基地是非常有必要的。

三、基地依托企业及专业概况

（一）基地依托企业概况

东源县万绿湖旅游发展有限公司成立于 1999 年 3 月，是隶属万绿湖风景区管理委员会的一家国有企业，公司下设行政部、财务部、市场营销中心、票务部及万绿湖风景区、东源县万绿湖旅行社、东源县万绿湖旅游船艇管理有限公司三家下属企业，现有员工 250 人。万绿湖旅游发展有限公司负责整个万绿湖风景区旅游资源的规划、开发、经营、管理工作。

1. 综合型旅游企业，保证学生实践硬件条件

万绿湖旅游发展有限公司是河源市标杆性旅游企业，其依托华南第一大人工湖，有着华南地区独特的旅游资源，具有突出的生态环境研究价值，具备生态旅游开发研究价值。景区日最高接待量达1.5万人次，旅行社业务量居河源市第一。这不但可以满足学生校外实践教学，同时还可以辐射周边的中高职院校。

2."品牌化"管理，打造学生实践优质软件条件

早在2002年，万绿湖风景区就被国家旅游局评为AAAA级景区。国家旅游局曾作评价："河源市将环保与旅游紧密结合，万绿湖旅游为全国的库区旅游作出了表率。"万绿湖风景区创立了独特的"生态环保"品牌。现在，景区一直在为创AAAAA级景区做努力。公司广开渠道，引进人才，在优异的硬件条件基础上，更注重软件的建设。公司坚持以企业文化为导向，建设学习型团队，积极开展服务和管理水平专项提升工作，不断提升员工和管理人员的技能服务与管理水平，全力打造旅游业品牌。同时开创校企合作新模式，于2012年在河源职业技术学院专门成立了"万绿湖校园导游俱乐部"，2014年校企双方共同牵头在民政局注册成立"万绿湖导游义工队"，这些都为旅游管理专业学生提供了全新的校外企业学习提升平台。

3."高精专"人才梯队，满足师资队伍合作建设

万绿湖旅游发展有限公司自成立以来，一直注重内部人才梯队的建设，已经形成"高精专"特色人才梯队，所谓"高精专"就是高水平的综合管理，精益求精的服务信仰，专业化的旅游服务技能。万绿湖旅游发展有限公司培养了许多资深旅游人才，如全国优秀导游、河源市博物馆副馆长赖金凤就是万绿湖最早的一批导游员，这批"老万绿湖人"直到今天，仍以饱满的热情投入到万绿湖事业中。由此万绿湖旅游发展有限公司奠定了一个非常有利于校企师资混编的基础，既满足了学校派遣教师到企业实践学习的条件，又可以派遣企业高管到校园兼职授课，提前将专业、行业等实践状况引入课堂，从而达到合作育人的目标。

4. 良好的企业文化传承，为学生提供持续性的职业发展环境

万绿湖以其特有的生态环保旅游得到社会各界的认可，目前已成为全省生态旅游的热点之一。公司自成立以来，先后被授予"全国青年文明号""广东省林业龙头企业""海外华人最喜爱的广东自然风光景区""最受网友喜爱的生态景区""五优窗口""河源最美风景""河源最美生态景观""最具网络人气旅游景区"等荣誉称号。

良好的企业文化环境建设与传承一方面保证了企业在培养人才方面的投入力度和重视程度；另一方面也满足了企业与学校相互合作建设提升的需求，为学生提供了持续性的职业发展环境，使之真正符合高等职业教育培养目标与建设要求。

（二）基地依托专业概况

河源职业技术学院旅游管理专业开设于 2003 年，2005 年成为校级示范性建设专业，同年加入河源市饭店业协会，2007 年 5 月被批准为广东省示范性建设专业；2009 年 9 月，河源职业技术学院成为中国旅游协会教育分会、广东省旅游协会理事单位；2009 年，旅游管理专业获得河源职业技术学院优秀教学团队荣誉称号，申报成立了"旅游规划与发展研究中心"（国家丙级），该中心是省内同类院校唯一具有国家资质的旅游规划中心，同年被广东省旅游局授予广东省旅游行业技能培训基地；2010 年，河源职业技术学院成为广东省旅游教育培训先进单位；2010 年，旅游管理专业通过验收，成为广东省高职高专示范性专业，为广东省同类院校唯一的旅游管理类专业；2011 年，河源职业技术学院旅游管理专业获得中央财政支持高等职业院校提升专业服务产业发展能力项目，并得到 240 万元经费支持；2013 年，旅游管理专业成为广东省示范性高职院校重点建设专业；2014 年，旅游管理专业教学团队通过广东省优秀教学团队立项。目前，旅游管理教师团队共 30 人（包括团队带头人），其中学校专任教师 15 人，来自行业企业的兼职教师 15 人。专任教师中有副教授 3 人，讲师 11 人，专任教师分别具有国家高级导游、中级导游员、导游员、国家考评员、造型师、摄影师等职业资格证书，且有企业实际工作经历，"双师素质"教师占比为 100%。

高职院校高水平专业群建设探索与实践

本专业针对现代服务类专业突出职业岗位实务操作能力培养的要求，按照"理论实践一体化、实训基地企业化、教学实训项目化、素质培养全程化"的建设思路，除以校内模拟实训室、虚拟实训室提供的服务与管理岗位虚拟仿真训练外，重点依托"校中厂"万绿湖旅行社大学城营业部、"厂中校"御临门温泉度假村和巴伐利亚庄园、导游俱乐部、导游义工队，以及紧密型校企合作企业河源万绿湖旅行社、东莞青年国际旅行社、南湖国际旅行社、长隆欢乐世界等旅游企业，提供岗位真实的环境训练平台（真岗培养），通过校内校外岗位训练的交替进行（内外交替），提高学生的职业技能和职业素质。旅游管理专业深化了"内外交替、真岗培养"的"工学结合"人才培养模式，全过程渗透职业素质训导，实现学生职业技能和素质的双培养与双提高。经过多年发展，本专业取得多项在省内同类高校中具有领先水平的成果，逐渐形成特色鲜明的专业品牌，具有引领示范作用。

近年来，学校实施政府投入为主、行业企业支持、面向全社会的多渠道筹集教育经费体制，积极争取政府支持，为学校发展赢得更多的政策、资金支持。广泛吸纳社会资金参与学校建设，吸收社会各界捐赠。积极争取国家和省政府的教育经费、科研经费、基本建设经费、专项经费、财政性补贴等各种财政补助。加强科技服务、职业培训等社会服务工作，提高经济效益。积极探索新的融资方式，筹措建设资金。坚持开源与节流并重原则，进一步完善财务管理体制和管理模式，强化和落实二级学院财务管理职责。加强学校财务收支活动的宏观调控，加强学校各类资金的统一调度、控制、审核、审计等工作，科学运作学校资金，提高资金使用效率。

根据"内外交替、全岗培养"的"工学结合"人才培养模式，旅游管理专业和万绿湖景区等合作企业积极探讨基地共建与资源共享，把旅游管理专业实践环节进行细分，细分后进行专项研讨执行，这样不但能使实训经费投入得到保证，更能从实践教学执行层面上提升专业对接地方产业、对接行业企业和师生、对接职业岗位的"三层对接"内涵，形成"合作办学、合作育人、合作就业、合作发展"的校企一体专业发展格局。

第二节　东源县万绿湖旅游发展有限公司校外 实践教学基地建设的基础

自 2005 年始，河源职业技术学院与万绿湖旅游发展有限公司签订合作协议，共同实施人才培养战略，建立了校外实践基地。校企双方相互交流，积极互动，不断深化校企合作，在导游服务、旅行社经营管理、景区服务与管理等旅游管理的各个领域开展了广泛而深入的实习实训、课程改革、教育培训、技术服务等合作项目。从 2008 年开始，河源职业技术学院旅游管理专业与万绿湖旅游发展有限公司万绿湖旅行社成立了"校中厂"——万绿湖旅行社大学城营业部，校企双方进行更加全面的合作，企业参与教学、管理和实习的全过程，学生参与营业部的实际运营和管理，形成并实施了"内外交替、全岗培养"的"工学结合"人才培养模式。

通过多年的相互合作，从相互生疏到战略合作伙伴关系，河源职业技术学院·万绿湖旅游发展有限公司实践教学基地初步构建了教学过程与生产、科研、经营过程融合在一起，实践硬件条件先进，服务与管理水平位居行业前列，企业与学校设备资源共享，教师行业高管一体化，学生员工一体化的真实的、先进的实践教学环境。其相关建设状况与合作基础主要体现在以下五个方面。

一、校企共同制订人才培养计划

校企双方共同协商制订人才培养计划，内容包括人才培养方案、课程设置、招生宣传、新生入学教育、认识实习、节假日帮工、暑期社会实践、企业文化课程开设、学生技能比赛、顶岗实习安排、就业等，旅游管理专业与万绿湖旅游发展有限公司合作项目如表 8-1 所示。

表 8-1 旅游管理专业与万绿湖旅游发展有限公司合作项目一览

时间	合作项目	负责人
2005	建立河源职业技术学院"万绿湖风景区"校外实训基地	杨红霞
2008	成立"校中厂"——万绿湖旅行社大学城营业部	张颖
2012	成立"万绿湖校园导游俱乐部"	杨红霞
2014	在民政局注册成立"万绿湖导游义工队"	杨红霞

二、共同开发课程与教材

利用原有的实习合作平台，合作企业的管理人员、行业专家和学校专业负责人及骨干教师共同对人才需求状况进行调研，了解旅行社及景区的岗位设置、岗位工作任务、旅游企业对人才培养的要求等，然后进行工作任务与职业能力分析，共同制订课程计划，确定教学内容及要求，旅游管理专业校企合作教材如表 8-2 所示。

表 8-2 旅游管理专业校企合作教材一览

教材	作者	出版社
旅游服务礼仪	杨红霞、张淑娟（参编）	清华大学出版社
旅行社计调业务	张颖、周维国（参编）	广东高等教育出版社
旅行社运营管理实务	朱智、周维国（参编）、周勇（参编）	国防工业出版社

三、校企共同组建教师队伍

学校聘请企业的管理人员为学生授课或指导实践，介绍行业最新的发展动态。同时，学校专业教师深入到企业进行实践知识和实际操作技能的学习，并为企业开展员工培训服务。通过校企全面合作，真正建立起"双师结构"和"双师素质"的教师队伍。2014 年，周维国总经理被广东省教育厅评为"广东省高职院校高层次技能型兼职教师"，万绿湖景区兼职教师及其承担的教学任务如表 8-3 所示。

表 8-3　万绿湖景区兼职教师及其承担的教学任务一览

校外兼职教师	承担的教学任务
周维国	旅游管理专业实习、毕业论文/设计
张淑娟	模拟导游、旅行社计调业务、导游业务
邝国辉、肖琳华	旅游管理专业实习、毕业论文/设计
周勇	毕业论文/设计

四、学校为企业提供技术服务

自校企合作开始，旅游管理专业就为合作企业提供旅游企业文化创新、营销方案的制订、旅行社人力资源培训方案的制订等应用研究和技术开发服务，将产学合作提升到产学研全方位合作的较高层次。2013 年，"万绿湖创 AAAAA 级景色服务质量提升工程"启动，旅游管理专业为万绿湖风景区提供员工培训、产品设计、营销策划等方面的服务，企业为旅游管理专业提供 3 万元/年的科研经费支持，旅游管理专业向万绿湖企业技术输出情况如表 8-4 所示。

表 8-4　旅游管理专业向万绿湖企业技术输出情况一览

合作项目	企业经费支持 （万元/年）	成果
万绿湖风景区绩效体制研究	1	完善企业各项规章制度
万绿湖创 AAAAA 级景色服务 质量提升工程	3	提供员工培训 10 场，培训达 540 人次

五、学校为企业输送人才

自 2005 年开始，旅游管理专业的毕业生就陆续就职于万绿湖旅游发展有限公司。近年校外实习基地共接纳 2012 级、2013 级实习生 304 人，毕业生 165 人；接纳专业认识实习、综合技能实训的学生数量达 390 人次，旅游管理专业入职万绿湖企业学生代表情况如表 8-5 所示。

表8-5　旅游管理专业入职万绿湖企业学生代表情况一览

毕业生	毕业时间	就业单位	岗位
赖建彬	2005	万绿湖旅行社	副总经理
刘春燕	2005	万绿湖旅行社	总经理助理
游小锋	2005	万绿湖旅行社	计调主管
赖珍冬	2006	万绿湖旅行社	前台销售主管
黄婷婷	2008	万绿湖旅行社	领队
刘文晓	2015	万绿湖风景区	总经理助理
曹丹妮	2015	万绿湖风景区	营销

第三节　基地建设目标与建设思路

一、建设目标

以教育部 2011 年 8 月颁布的《教育部关于推进高等职业教育改革创新引领职业教育科学发展的若干意见》为指导思想，以"合作办学、合作育人、合作就业、合作发展"为主线，整合"政、校、企"三方资源，以万绿湖旅游发展有限公司校外实践教学基地为平台，共同实践、探索旅游人才培养模式的创新。同时建立健全"政校、政企、校企"三个层面合作办学保障制度，明确"政校行企"四方各自的职责，完善"政校行企"四方联动机制，促使校企合作有序进行。在现有实践基地的基础上，进一步提高认识、扩大视野，按照"全面规划、分步实施、逐步完善"的思路，利用两年左右的时间，努力将基地建设成功能齐全、设施完备、运行灵活、资源共享，并且具有创新精神、社会责任感和行业道德规范意识的广东省独具特色的旅游人才培养基地。

二、建设思路

双方通过"政、校、企"合作，开展"产学研"结合，充分利用各方优势资源，在实践教学基地下设实习训导组、培训开发组和科研合作组，并对其进行不断完善，共同为培养应用型创新人才而努力，最终实现"共赢"！

河源职业技术学院旅游管理专业依据教学计划和课程教学大纲要求，在不影响万绿湖旅游发展有限公司正常运作的情况下，派遣学生到该公司实习。该公司依据实习内容和项目，为学生安排合适的岗位，并派遣相关企业方工作人员对其进行实习指导，以保证学生顺利完成教学实习任务，为其毕业后服务社会奠定良好基础。

万绿湖旅游发展有限公司根据自身业务及规模发展的需要，在河源职业技术学院设立"校中厂"万绿湖旅行社大学城营业部、"万绿湖校园导游俱乐部"和"万绿湖导游义工队"三大组织，并安排规定课时的学习课程，邀请河源市高层次专业人士为学生授课，以便学校在学生培养方面有所侧重。同时，万绿湖旅游发展有限公司可利用学校技术知识资源和学生资源，将企业相关调研或工作量较大的非技术核心任务交由学校完成，以降低企业成本。

第四节　基地建设内容与建设计划

一、建设内容

（一）进一步完善组织管理体系

在实践教学基地下设实习训导组、培训开发组和科研合作组，由政府行业主管、企业高管和河源职业技术学院旅游管理专业骨干教师组成。同时建立健全"政校、政企、校企"3个层面合作办学保障制度，明确"政校行企"四方各自的职责，完善"政校行企"四方联动机制，促使校企合作有序进行。同时与企业、行业专家共同制定有关校外实践教育运行、学生管理、安全保障、公司规章制度、实习要求等规章制度，保障校外实践教育的可持续发展。

（二）在现有实践教育模式的基础上进一步创新校外实践教育模式

以广东省、河源市旅游行业对旅游人才的需求为依据，明确高职旅游管

221

理专业人才的培养目标，与万绿湖旅游发展有限公司深度融合，创新工学结合、校企合作、顶岗实习的人才培养模式。与旅游行业专家、政府主管部门共同制订专业人才培养方案，实现旅游管理专业与旅游企业岗位的零距离对接。学校与企业共同制订人才实施方案，将旅行社、景区经营、管理等核心岗位的实际工作过程与学校的教学过程紧密结合，探索实施多学期、分段式教学组织形式，校企共同完成校外实践教学任务和过程考核，突出旅游管理专业人才培养的针对性、灵活性和开放性，保障校外实践教育的培养质量。

1. **创新办学体制，校企合作办学**

根据人才需求状况，通过协作的方式，整合学校教育与企业人力培训资源，以培养高技能专门人才为目的的合作方式，发挥各自在旅游管理、经费筹措、服务质量、兼职教师选聘、实习实训保障条件和学生就业等方面的优势，形成协同育人的长效机制。具体而言，学校是在主管部门及行业协会的主导下，以培养高素质技能型旅游服务、管理专门人才为目标，按照"理论实践一体化、实训基地企业化、教学实训项目化、素质培养全程化"的建设思路，与企业深度合作，创新和完善"内外交替、全岗培养"的"工学结合"人才培养模式，建成省内高职特色鲜明的旅游业人才培养基地。

2. **合作共建环境真实的校内实训基地及紧密型校外实训基地**

结合旅游管理专业综合服务技能要求及学校实训中心三期建设，合作共建多个校内实训基地及校外紧密型实训基地。

第一，打造真实旅游服务环境，如在万绿湖旅行社大学城营业部安装计调业务系统，使学生像在企业一样使用这些工具进行实训，熟悉计调业务流程，积累服务经验。

第二，引进企业的管理模式，参考企业的模式设置部门和岗位，进行课程轮岗和角色体验，培养学生的旅游综合管理经验和职业能力。

第三，与企业共建实训基地，引进企业的真实项目，如数字化旅游实训室、3D模拟导游实训室，进行"项目实战"，培养学生的规范化服务能力与创新能力。

第四，积极建设校外实训基地，为学生的顶岗实习和就业创造条件，在共建企业的实际工作中，培养学生的职业素养和职业能力。

第五，积极开展社会服务，通过"万绿湖导游义工队"提供公益性活动，并且积极承办省、市主管单位的旅游类竞赛与培训，通过这些竞赛和培训，提高实训基地的利用率和社会服务能力，以及实训基地的实训水平。

3. 课程体系建设思路

以广东省及河源市旅游产业发展对人才的需求为依据，明晰人才培养目标，深化工学结合、校企合作、顶岗实习的人才培养模式改革。通过与企业共同制订旅游管理专业人才培养方案，实现专业与企业岗位对接；推行"双证书"制度，实现专业课程内容与职业标准对接；通过开设"万绿湖导游俱乐部""万绿湖导游义工队"项目选修课程，继续推行任务驱动、项目导向等学做一体的教学模式，积极试行订单培训、顶岗实习、认识实习、黄金周帮工等灵活多样的教学组织形式，将学校的教学过程和企业的经营管理紧密结合，校企共同完成教学任务，突出人才培养的针对性、灵活性和开放性。要按照旅游管理专业的生源特点，系统设计、统筹规划高素质旅游管理人才培养过程。要将先进的旅游业服务标准、服务规范课程等引入教学内容，提高学生参与行业竞争的能力。

4. 教学模式的创新与改革

重视学生在校学习与实际工作的一致性，以真实的工作任务为载体设计教学过程，实施课堂与实习地点的一体化、教学做结合、工学交替教学模式，采用情景模式、技能比赛、任务驱动等多种教学方法与手段，提升学生的职业能力和职业素质。如安排学生到万绿湖旅行社大学城营业部轮岗，通过"万绿湖校园导游俱乐部"安排学生到景区进行实地讲解，定期组织学生参加"万绿湖导游义工队"的培训与社会实践活动。

5. 共同开发专业核心课程

利用校企合作搭建的校外实践教学基地这一平台，合作企业的管理人员、行业专家和学校专业负责人及骨干教师共同对人才需求状况进行调研，了解旅行社及景区的岗位设置、岗位工作任务、旅游对人才培养的要求等，然后进行工作任务与职业能力分析，共同制订课程计划，确定教学内容及要求。

6. 系统设计"顶岗实习、半工半读"的教学模式

"顶岗实习、半工半读"是人才培养的关键,河源职业技术学院在过去与万绿湖旅游发展有限公司合作经验的基础上,进行了系统设计,完善了"顶岗实习、半工半读"的教学模式。其主要特点是:①使学生有组织、成建制地参加顶岗实习,学校和企业分别派指导教师管理和指导学生实习;②使学生有机会到管理岗位实习,顶岗实习安排在第五、六学期,对过去分散实习的第六学期也进行了有效管理,第五学期主要实习基层岗位,第六学期学生轮流实习基层主管岗位;③企业设计培训方案,并派管理人员定期对学生进行培训,如"旅行社计调业务""旅游市场营销"等课程就是由管理人员结合企业真实案例进行授课。

7. 校企合作开发"工学结合"特色教材

学校与企业合作开发核心课程教材,如《旅游服务礼仪》《旅行社经营管理》《旅行社计调业务》《客源国概况》等与旅游主要岗位对应的教材,既可用于学校教学,也可用于旅游员工培训。

8. 校企共同组建优秀教学团队

学校聘请企业的管理人员为学生授课或指导实践,介绍行业最新的发展动态。同时,学校专业教师深入到企业进行实践知识和实际操作技能的学习,并为企业开展员工培训服务。通过校企全面合作,真正建立起"双师结构"和"双师素质"的教师队伍。

9. 共享型专业资源库

与河源市旅游局及旅游企业合作,共同开发建设旅游管理专业及相关专业群的共享型专业资源库。专业资源库建设主要包括:专业基本信息、专业课程库、公共教学资源素材库、培训资源库、职业信息库。

(三)建设专兼结合的指导教师队伍

加强"双师型"教师队伍建设。通过与旅游、政府主管部门合作,完成相关旅游职业培训、校企横向课题、旅游项目咨询等项目,不断提高旅游管理专业教师的职业能力、专业能力,促使旅游管理专业教师不断成长为教学

能手、行业专家。同时，充分发挥万绿湖旅游发展有限公司的品牌影响力和人力资源优势，建设高素质的兼职指导教师队伍。

1. 基地带头人建设

在万绿湖旅游发展有限公司或学校旅游管理专业现有教师中选择 1 名具有较强专业建设能力与发展前瞻意识，较强规划能力，较强沟通能力，熟悉高职教育规律，专业水平高的教师作为基地管理带头人进行重点培养，采取到国内外重点高校进修学习，参加国内国际学术交流、研讨会，资助校企产学项目等形式进行培养，使基地带头人具有指导本专业课程体系改革、人才培养方案制订、科研开发等工作的能力，能够主持生产方面的研究课题或专业建设的研究课题，并帮带培养 1~2 名青年教师。

2. 校方骨干教师队伍建设

重点引入从事会议服务和管理与旅游营销策划，具有 3 年以上工作经验，具有较强实践能力、理论知识扎实的骨干教师 2 名。

选拔 4 名成绩突出的教师作为专业"双师型"骨干教师重点培养对象，通过在企业中的真实顶岗工作、参与企业项目开发、国内与国外进修、技能培训等途径，使培养对象实践技能提高，职教理念先进。计划培养导游方向骨干教师 1 人，旅行社方向骨干教师 1 人，景区方向骨干教师 1 人，旅游规划方向骨干教师 1 人。

加强专任教师职业实践能力和专业教学能力培训。每年有计划地安排 2~3 名专任教师到万绿湖旅游发展有限公司担任中层以上管理人员或进行顶岗实践及横向课题开发，提高行业服务与管理应用能力；开展教师职教能力培训与测评工作，要求每位专任教师必须参加职教能力培训并通过水平测试，以提高其专业教学能力。

3. 企业兼职教师队伍建设

在现有兼职教师的基础上，根据校外实践基地未来建设发展的需要，重点从万绿湖旅游发展有限公司聘请一批一线业务服务与管理骨干作为本专业兼职教师。一方面，积极实施人才共享和人才交流计划，选派中高层管理人员及导游部门内训师担任校方兼职教师，参与人才培养，开展培训课程，编制培训教材。另一方面，实施教师行业技能与管理水平提升计划，开展校企合作研发，组织兼职教师对专业所需涉及的其他专业领域知识、专业前沿服务技能与管理理论进行学习与实践。开展跨专业的大型项目开发，提高的教师专业知识、跨学科能力、现代教育信息运用能力和指导实践能力。其中，2016 年新聘 4~5 人，2017 年新聘 5~6 人，形成稳定的兼职教师队伍。

4. 建立并完善开放共享机制

通过"政校、校企、政企"的三方联动机制，把万绿湖旅游发展有限公司旅游管理专业校外实践教学基地建成功能齐全、设施完备、运行灵活、资源共享，并且具有创新精神、社会责任感和行业道德规范意识的广东省独具特色的旅游人才培养基地。

5. 建立并完善学生合法权益保障体系

万绿湖旅游发展有限公司旅游管理专业校外实践教学基地对实习、实践学生提供安全、保密、知识产权等方面的教育工作，为学生提供充分安全的设备与设施，保障学生的身心健康和安全。

二、建设计划

（一）实践专业

在现有校企合作的基础上，以河源职业技术学院旅游管理专业为实践专业，联合万绿湖旅游发展有限公司、行业、政府主管部门共同制定旅游管理专业校外实践教学实施方案，创新人才培养模式，加强实践教学环节，提升旅游管理专业学生的实践能力，保障人才培养质量。

（二）实践内容

与万绿湖旅游发展有限公司、行业、政府主管部门共同对旅游管理专业现有的实践课程体系进行分解和重构，将旅游管理专业的核心技能如销售、计调、导游服务与管理融入到万绿湖旅游发展有限公司的先进设备、设施、技术和人力资源等企业资源中，为学生提供真实的工作岗位，校企联合组织旅游生产性实训，让学生在真实的企业环境和企业文化中接受熏陶和实训。专业教师与企业职业指导老师共同参与实践教学方案的制订、实施与考核，校企密切合作，提升实践教学效果。

（三）企业课程

"万绿湖校园导游俱乐部"和"万绿湖导游义工队"课程必须以河源市及广东地区对旅游管理职业人员的职业素养和技能要求为依据，将万绿湖旅游发展有限公司导游部日常的职业培训课程与旅游管理专业实践课程结合起来，让企业员工、实习生以及河源旅游从业人员在通过相关课程的培训和实践后能为客人提供更好的服务，提升从业人员的素质和技能，发挥实践教学基地的社会功能。

第五节　组织管理体系与保障

一、组织管理体系

（一）组织管理体系框架

在原有良好的合作基础上，经多方协商研讨，确定河源职业技术学院—万绿湖旅游发展有限公司校外实践教学基地的组织管理体系结构如图8-1所示。

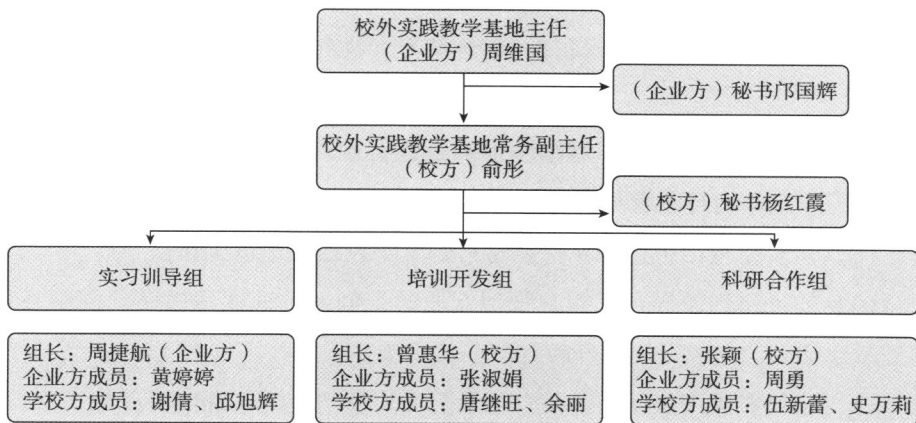

图8-1　旅游管理专业校外实践教学基地组织管理体系

（二）基地岗位职责描述

1. 基地主任职责

（1）全面负责基地的行政事务，根据基地的工作职能，组织制订基地各岗位的工作职责及相关的管理制度并贯彻实施；

（2）组织制订基地发展规划和年度工作计划，组织编制经费预算，抓好队伍建设；

（3）检查及督促各项工作的实施，确保基地承担的相关任务的完成；

（4）全面指导管理实习训导组等三大基地工作组的工作。

2. 基地常务副主任职责

（1）在基地主任的领导下，开展基地相关工作，经基地主任授权，可代理基地主任开展中心行政事务工作；

（2）协助基地主任制订岗位工作职责，制定基地发展规划和年度工作计划；

（3）协助基地主任做好校方专业技术人员与企业方服务、管理人员的交流与分配，组织实施每年的对外开放、生产实践及教学培训工作，并组织检查与实施项目完成质量评估工作。

3. 基地主任秘书职责

（1）协助基地领导调查研究、综合情况、推行工作；协调各实习工种管理工作；

（2）协助基地领导组织起草基地综合性行政工作报告、总结、计划等文件，组织拟定基地行政管理方面的规章制度；

（3）负责基地内拟定的文件、材料的文字校核及送审工作；

（4）协助基地领导开展旅游管理专业学生创新教育课程教学、创新教育实践教学活动、组织开展创新教育学分认定工作；

（5）掌管基地印章，出具需以基地名义对外的介绍信及证明；

（6）负责组织安排行政会议，做好有关会议的记录、会务工作；做好日常信函往来、接待来访、宣传报道、综合统计、集体活动的组织等行政事务工作。

4. 实习训导组组长职责

（1）负责本组实习过程中的教学实施过程管理，贯彻执行课程标准的要求，检查教学质量，组织本组人员开展教研活动，总结经验；

（2）处理校外实践教学中发生的相关问题，保证实习正常进行；

（3）负责实践教学总体方案的确定及上报工作；

（4）贯彻实施学校、公司及基地有关规章制度，负责实习安全规程落实及督查工作；

（5）监督检查本组人员岗位职责的履行情况并负责考核，负责相关开设课程成绩的汇总和上报工作。

5. 科研合作组组长职责

（1）负责基地科研技术服务项目开展过程中的实施过程管理，组织本组人员开展研究与分析，搞好科研项目合作与开发；

（2）处理科研技术服务过程中发生的相关问题，保证相关工作正常开展；

（3）负责制定本组相关科研技术服务规划及计划上报工作；

（4）落实旅游管理专业大学生创新实践教学活动，会同有关部门做好创新教育学分认定工作；

（5）贯彻实施学校、公司及基地有关规章制度，负责实习安全规程落实及督查工作；

（6）监督检查本组人员岗位职责的履行情况并负责考核，负责相关科研合作成果的汇总和上报工作。

6. 培训开发组组长职责

（1）组织开展旅游行业需求调研及课程体系构建，并进行教学做一体化课程及岗位培训课程开发；

（2）组织开展人才培养方案的设计与实施；

（3）组织开展配套教材建设、开发系列教材或讲义；

（4）组织开展网络教学平台建设，建设共享性资源库。

7. 项目组成员职责

（1）在上级领导的指导下，保质保量地完成所交代的工作；

（2）协助组长做好本组的相关工作规划、实施与安排；

（3）处理学生在实习过程中出现的问题，核定学生课程成绩；

（4）参加校外实践教学基地或部门组织的教研活动，不断改进相关工作。

（三）双方任务

1. 学生实习实训、订单培养与就业工作

（1）企业不仅是学校学生的顶岗实习单位，也是学校的校外实习基地，应优先满足学校学生在专业生产实习、毕业实习等方面的需求。双方在协商一致的基础上，本着共同发展的原则，建立紧密、长效的合作机制。

（2）学校从合同签订之日起，根据高等职业教育教学计划和培养方案，每年选派一定数量的指定年级、专业的学生到企业进行顶岗实习，具体人数根据企业岗位需求、学校学生情况等因素，由双方协商决定。

（3）双方应从符合教学规律、切合企业实际、适应企业发展周期的角度，制订学生顶岗实习期间切实可行的教学计划，以保证顶岗实习期间工、学任务的顺利完成。同时，学校应加强对学生的岗前职业素养训导，指导教师、班主任必须定期下企业协助企业做好顶岗实习学生的各项工作。

（4）企业应为顶岗实习学生制订切实可行的轮岗计划，以提高学生的综合素质与能力。

（5）企业为学校学生顶岗实习提供相应的实习工作、生活环境。同时，企业应为顶岗实习学生留出一定的学习时间，使学生能通过网络教学等手段完成教学计划规定的课程学习任务，保证学生自身能力的提高。

（6）顶岗实习学生在实习期间，应根据实习协议的要求服从企业管理人员的管理，遵守企业规章制度，同时不得违反学校的有关管理规定。企业应指派专门技术人员担任实习指导教师，同时企业应负责实习学生在企业单位实习期间的人身、财产安全。

（7）因实习学生或学校原因提前终止实习，学生或学校应提前一周告知

企业，反之亦然。实习结束，企业应向学校提交学生实习的证明和评价。

（8）学校成立实习训导小组对学生实习情况进行指导、监督，并加强对学生的思想教育和职业素养训导，一旦发现问题，应及时提出解决办法，协调企业和实习生之间的关系。

（9）作为学校的校外实训、就业基地，企业在同等条件下应优先录用学校毕业生；学校每年邀请企业参加学校组织的校内毕业生供需洽谈会，优先为企业输送德、智、体、美、劳全面发展的优秀学生。

2. 课程与教材开发

（1）企业定期为学校提供企业相关岗位需求信息与岗位特征描述，为学校制定专业教学标准、课程标准及实习实训计划提供参考依据。

（2）双方根据专业课程情况，共建课程体系，根据企业的实际项目与人才培养方式，拟定课程标准与培养方案，并共同研究适合课程开展的教学模式。

（3）根据课程教学的开展情况，双方共同编写开发"工学结合"配套教材，并根据企业的实际运营项目适时更新教材内容。

（4）双方共同建设的课程及教材，可由学校牵头，向上级教育部门申报各类精品课程、教材项目，成果归双方所有。

3. 教师、员工互派交流与培训

（1）作为企业的人力资源培养基地，学校应利用学院的软、硬件教学资源，根据企业要求，为企业提供包括各类员工职业培训、技能考证等在内的人才培训服务。

（2）根据企业需要，学校可报经上级主管部门审批，在企业挂牌设立"河源职业技术学院人力资源培训基地"，采用"函授"等多种模式组织实施教学工作，为企业员工的学历教育创造条件，并按照招生的实际情况确定员工的培养专业和培养方案。

（3）劳动力转移培训，企业以"招工就业""边工作边学习"等形式吸纳劳动力资源，并与学校采用"工学结合，半工半读"的灵活合作模式共同培养企业员工。

（4）企业选派中高层领导、技术人员、中高级技师担任学校客座教授、专业带头人或兼职教师，参与学校人才培养过程，同时参与学校科技开发、教学改革、教材编写等工作，成果产权归双方共同所有。

（5）学校每年定期派遣一定数量的专业骨干教师到企业及其下属相关企业挂职锻炼，培养"双师"队伍，挂职期间企业提供相关食宿条件和工作岗位，保证挂职效果。

（6）双方派出的挂职、培训人员应严格规范对方的工作和教学行为，严格遵守保密制度和各种管理规章，确保各方的工作、生产和教学秩序的正常运行。挂职期满，并经考核合格后，视情况由接受单位发放相关聘书。

4. 科研项目与成果推广

（1）根据研究实际，双方可在服务质量提升、员工满意度调查等服务与管理领域开展科研项目合作。

（2）双方在各种类型、各个层次的科研项目研究开发，可以通过双方网站刊登相应的科研成果。

（3）双方选派优秀教师和业务骨干参与双方科研项目开发、管理咨询和学术研讨，科研产权归双方共同所有，并对双方成果进行推广。

（4）双方在科研项目合作中形成的管理手册、研究成果等内容可以作为学校教学内容的参考，产权归双方共同拥有。

二、建设保障措施

（一）双方经费投入保障

校方主要资金来源于 2013 年"广东省示范性高职院校重点建设专业"项目、市财政支持和学院自筹资金。学院对项目资金进行专项管理，严格执行项目预算，合理有效使用各项经费，按照教育厅、财政厅和国家现行财务规章制度的要求，制订详细的分项目、分年度资金使用计划，开展预算管理，按照专款专用的原则，严格执行财务管理规定，对项目的资金投向实行全过程监控管理，保证项目资金完全用于项目执行，并产生最大效用。

企业资金主要来源于河源职业技术学院与河源市万绿湖旅游发展有限公司科技服务合同。主要用于人才培养方案制订、课程建设、学生实习、优秀学生奖励等。

（二）制度保障

1. 组织保障

为确保支持项目资金的专款专用，学校成立建设工作领导小组，分管教学副校长陈德清为组长，工商管理学院院长俞彤为副组长，领导小组统筹安排项目的规划、建设、资金投入、运行监控等工作。推进高等职业教育质量评估工作，建立和完善学校、行业、企业、研究机构和其他社会组织共同参与的质量评价机制，将毕业生就业率、就业质量、企业满意度、创业成效等作为衡量人才培养质量的重要指标。

2. 管理保障

为了保证项目的顺利执行，学校制定了《河源职业技术学院旅游管理类专业群建设资金管理办法》和《河源职业技术学院旅游管理类专业群建设项目管理办法》，加强项目资金的专款专用、专人管理、单独核算。严格执行项目预算，对项目的实施、资金投向及年度资金调度安排、固定资产购置（建设）实行全过程管理，确保如期完成建设目标。

3. 人员保障

工商管理学院有主管实践教学的副院长 1 人，下设实训部长 1 人及实训管理员 3 人，为实训基地的建设和管理提供了人员保障。旅游管理专业拥有15 名专任教师组成的教师队伍，其中副教授 2 人、研究生以上学历 10 人（含博士 1 人），"双师"素质教师 15 人。同时从旅游行业主管部门、企业中高级管理人员中遴选聘任了 15 人担任本专业兼职及实训指导教师，为教学质量的提高提供了有力的师资保障。

（三）教学质量保障

建立健全旅游管理专业教学、实习质量保障体系，实施第三方评价，确保制度执行有力，具体做法如下。

1. 教学督导制度

建立完善的二级教学督导制度，并融入校园信息化平台进行综合评教，评教结果直接和教师绩效考核挂钩。定期举行教学交流研讨，同时邀请行业高管人士参与研讨，起到校企互动作用，保障专业教学不会脱离行业职业能力要求。

2. 专题教学检查及信息反馈制度

建立学期期初、期中、期末教学检查制度，全过程监督检查教学进度。分别采用座谈会、问卷调查、专题调研等方式，全面了解专业建设工作的现状和学生的综合素质。每个班级都设有班级教学信息通讯员，对每位教师、每门专业课程及每个专业班级都有教学质量反馈。

3. 行业企业第三方评价制度

依托专业建设指导委员会信息平台，建立行业企业第三方评价制度，由企业人力资源部牵头对专业标准制度、课程设计、学生专业实训实习及毕业生就业表现等方面定期进行评价打分，并对存在的问题进行讨论，提出解决或改进建议。

4. 毕业生跟踪调查制度

建立企业、行业、学生及家长等利益相关方共同参与的第三方人才培养质量评价制度，对毕业生至少三年的职业发展进行追踪。

第九章　旅游管理专业群社会服务成果

　　高等学校肩负着人才培养、科学研究、社会服务和文化传承四大职能，作为本体职能和附属职能的延伸，高校社会服务职能的重要性日益凸显，内容不断扩展，形式日趋多样。在国家要将旅游业培育成国民经济战略性支柱产业的形势下，旅游管理专业作为我国高校的大专业，责无旁贷地承担起为旅游业开展有效的社会服务这一重任。旅游管理专业社会服务包括旅游规划、行业培训、信息咨询等，河源职业技术学院旅游管理专业群与政府旅游主管部门紧密合作，加入河源市旅游协会、导游协会等行业组织，依托"旅游规划与发展研究中心、酒店咨询管理中心、客家菜师傅培训学院"等服务平台，以"专业技术服务项目"推动"政府、协会、企业、专业"四方良性互动的校企合作机制的构建，开展技术服务和社会培训，取得了良好的社会效益。

第一节　旅游管理专业群技术服务

　　河源职业技术学院旅游管理专业群成立了旅游规划与发展研究中心（国家旅游规划丙级资质）、酒店咨询管理中心、客家菜师傅培训学院等社会服务平台，面向河源及周边地区开展旅游产品设计、营销策划、景区策划等技术服务，引导和激励教师主动为企业和社会服务，参与企业科研立项、技术攻关项目。依托河源市旅游协会、旅行社协会等行业、企业资源，深入企业开展技术服务。2009—2023 年，共完成 58 个项目，实现横向课题进账 217.4 万元。旅游管理专业群科技服务项目汇总情况如表9-1所示。

表9-1　旅游管理专业群科技服务项目汇总

序号	合同名称	负责人	甲方名称	金额（万元）	签订时间
1	河源市市场监督局实施标准化战略项目（党政机关会议服务规范项目）	曾惠华	河源市市场监督局	3.00	2023.11.10
2	百家鲜（客家女奇妙乐园）创建国家AAA级旅游景区材料申报与景区提升咨询服务	张颖	广东百家鲜食品科技有限公司	10.44	2023.08.28
3	中图设计有限公司在职员工面点制作提升服务	杨锦冰	中图设计有限公司	0.20	2023.03.15
4	民盟河源市基层委员会烘焙培训班	杨锦冰	民盟河源市基层委员会	0.20	2023.03.05
5	2022年连平县"粤菜师傅"工程系列培训	曾惠华	连平县餐饮行业协会	4.00	2022.11.21
6	"粤菜师傅工程"乡村从业人员烹饪技能提升服务	蓝晨	漳溪畲族乡人民政府	7.00	2022.11.10
7	委托编制《河源市党政机关会议服务规范》地方标准	曾惠华	河源市机关事务管理局	3.56	2022.07.07
8	2021—2022年连平县"粤菜师傅"工程系列培训	曾惠华	连平县餐饮行业协会	10.00	2022.04.08
9	河源市妇女联合委员会"客家菜师傅"服务质量提升工程	黄勇强	河源市巾帼创业就业服务有限公司	3.00	2021.12.10
10	河源市文化广电旅游体育局委托调研课题研究项目	曾惠华	河源市文化广电旅游体育局	9.00	2021.07.16
11	广东省妇联"乡村振兴巾帼行动促进会"会议活动讲解词创作	杨红霞	河源市妇女联合会	0.80	2021.07.10
12	河源大健康旅游产业发展现状调研	余丽	河源市文化广电旅游体育局	1.00	2021.06.28

序号	合同名称	负责人	甲方名称	金额（万元）	签订时间
13	河源市埔前镇上村村红色教育基地导游词创作及讲解培训（第2期）	杨红霞	河源市源城区埔前镇上村村民委员会	1.90	2021.04.29
14	万绿湖创建国家AAAAA级旅游区员工服务质量提升工程	曾惠华	广东万绿湖文化旅游投资有限公司等4个单位	16.80	2021.03.29
15	河源市埔前镇上村村红色教育基地导游词创作及讲解培训（第1期）	杨红霞	源城区埔前镇上村村民委员会	0.60	2020.10.20
16	东源县新港镇创广东省旅游风情小镇游客和居民满意度调查（第二阶段）	曾惠华	东源县新港镇人民政府	1.00	2020.09.16
17	大水井特色民宿街区国家AAA级景区创建咨询服务	张 颖	河源市源城区高埔岗街道大水井社区居民委员会	10.00	2020.09.15
18	委托编制《河源市研学旅行服务规范》	曾惠华	河源市文化广电旅游体育局	11.66	2020.08.16
19	河源恐龙文博园旅游总体规划	张 颖	河源市博物馆	9.99	2019.09.27
20	广东通驿高速公路服务区有限公司职工面点技能提升服务	杨锦冰	广东省通驿高速公路服务区有限公司	2.95	2019.09.08
21	源城区高埔岗创广东省旅游风情小镇游客与居民满意度调查	曾惠华	源城区高埔岗街道办事处	1.00	2019.07.10
22	东源县新港镇创广东省旅游风情小镇可行性报告	曾惠华	东源县新港镇人民政府	0.50	2019.07.10
23	东源县新港镇创广东省旅游风情小镇游客和居民满意度调查	曾惠华	东源县新港镇人民政府	1.00	2019.07.09
24	河源市精准扶贫成果调研（第二年）	曾惠华	河源市女企业家协会	3.00	2019.07.04

序号	合同名称	负责人	甲方名称	金额 (万元)	签订时间
25	万绿湖风景区创 AAAAA 服务质量提升工程（第七年）	曾惠华	广东万绿湖旅游经营管理有限公司	3.00	2019.06.28
26	青年益工项目	史万莉	云南大益爱心基金会	2.00	2019.06.12
27	客天下现代学徒制导师培训体系研究	曾惠华	河源市客天下文化旅游管理有限公司	4.50	2019.02.05
28	连平县旅游人才从业水平提升与管理	张 颖	深圳市恒隆泰文化策划有限公司	4.20	2018.07.19
29	万绿湖风景区创 AAAAA 服务质量提升工程（第六年）	曾惠华	广东万绿湖旅游经营管理有限公司	3.00	2018.06.30
30	河源市精准扶贫成果调研	曾惠华	河源市女企业家协会	2.00	2018.06.01
31	广东省客家绿色生态旅游产业知名品牌创建示范区游客满意度调查	曾惠华	东源县市场监督管理局	2.00	2017.12.05
32	龙川县旅游产业服务提升与管理	张 颖	龙川县旅游局	3.20	2017.09.13
33	紫金县旅游业"十三五"发展规划	张 颖	紫金县旅游局	10.00	2017.09.04
34	"携手共进·与爱同行"三下乡实践活动	曾惠华	河源市女企业家协会	2.00	2017.06.20
35	万绿谷休闲度假旅游区员工服务质量提升研究	张 颖	河源市万绿谷实业发展有限公司	1.28	2017.06.19
36	河源市高端旅游发展报告	杨 亮	河源市旅游局	1.00	2017.04.27
37	万绿湖风景区创 AAAAA 服务质量提升工程（第五年）	曾惠华	广东万绿湖旅游经营管理有限公司	3.00	2017.04.15
38	江东新区旅游发展"十三五"规划	杨 亮	河源江东新区管理委员会	10.30	2016.08.25
39	资助三下乡实践活动	曾惠华	河源市女企业家协会	2.00	2016.06.22

序号	合同名称	负责人	甲方名称	金额（万元）	签订时间
40	客天下·河源职业技术学院实习生轮岗可行性研究	曾惠华	河源市客天下文化旅游管理有限公司	1.32	2016.06.20
41	万绿湖风景区创 AAAAA 服务质量提升工程（第四年）	曾惠华	广东省万绿湖旅游经营管理有限公司	3.00	2016.05.10
42	河源市旅游业发展"十三五"规划	杨亮	河源市旅游局	4.00	2015.06.12
43	巴伐利亚庄园温泉酒店服务质量提升研究	张颖	河源巴登新城投资有限公司	1.00	2015.05.15
44	万绿湖风景区创 AAAAA 服务质量提升工程（第三年）	曾惠华	东源县万绿湖旅游发展有限公司	3.00	2015.04.10
45	龙川县旅游系统服务质量提升工程及培训	张颖	龙川县旅游局	3.00	2015.01.12
46	镜花缘风景区服务质量提升工程	杨亮	广东省新丰江万绿湖镜花缘旅游有限公司	2.00	2014.10.08
47	镜花缘校企合作项目	俞彤	广东省新丰江万绿湖镜花缘旅游有限公司	3.00	2014.07.03
48	万绿湖风景区创 AAAAA 服务质量提升工程（第二年）	曾惠华	东源县万绿湖旅游发展有限公司	3.00	2014.03.20
49	镜花缘风景区服务质量提升工程	俞彤	广东省新丰江万绿湖镜花缘旅游有限公司	3.00	2013.04.26
50	万绿湖风景区创 AAAAA 服务质量提升工程（第一年）	曾惠华	东源县万绿湖旅游发展有限公司	3.00	2013.03.20
51	镜花缘校企合作及技术服务（2013 年度）	俞彤	广东省新丰江万绿湖镜花缘旅游有限公司	3.00	2013.01.08
52	阿只土菜馆客家菜谱修订及编制	俞彤	阿只餐饮管理有限公司	6.00	2012.05.08

序号	合同名称	负责人	甲方名称	金额（万元）	签订时间
53	镜花缘校企合作服务项目	俞 彤	广东省新丰江万绿湖镜花缘旅游有限公司	2.00	2011.12.28
54	永顺集团中层管理人员培训体系研究	俞 彤	广东永顺实业集团有限公司	3.60	2011.12.07
55	镜花缘校企合作培训及相关服务	俞 彤	广东省新丰江万绿湖镜花缘旅游有限公司	1.00	2011.06.16
56	镜花缘景区策划与培训与河源市旅游局发展"十二五"规划（2010年度）	俞 彤	广东省新丰江万绿湖镜花缘旅游有限公司	2.40	2010.12.17
57	龙川县佗城旅游区导游词创作	俞 彤	龙川县旅游局	1.00	2010.09.07
58	河源镜花缘景区策划与员工培训	俞 彤	广东省新丰江万绿湖镜花缘旅游有限公司	3.00	2009.03.25

第二节　旅游管理专业群社会培训

　　旅游管理专业群坚持"立足河源、服务广东"的服务定位，走"职业培训、技术服务并举"之路，广泛开展社会培训。以学校产学研服务平台为依托，建立旅游规划与发展研究中心、酒店管理咨询研究中心、客家菜研究中心的联动机制，整合旅游、酒店、烹饪三方面的资源。根据河源及周边地区旅游企业的需求，面向企业员工开展技能培训、技能鉴定、技术讲座等服务，推广旅游产业的新技术、新理念。结合广东省旅游行业培训基地的建设，开展针对区县及周边旅游企业一线服务人员的社会职业培训和再就业培训。与河源市文化广电旅游体育局合作，发挥全国导游人员资格考试考点的作用，开展考前培训、岗前培训、政务接待导游培训等，参与全国导游人员资格考试口试考评工作。自2012年以来，完成各类培训305项，共23102人次。旅游管理专业群社会培训项目汇总情况如表9-2所示。

表 9-2 旅游管理专业群社会培训项目汇总

序号	项目	培训单位	培训人	培训人数（人次）	时间
1	读书分享会	河源市女企业家协会	曾惠华	148	2024.03.31
2	茶艺文化进高新区社区公益培训班	河源市源城区埔前镇兴业社区居民委员会	史万莉	35	2024.04.16
3	河源市国有资产经营有限公司员工业务能力和综合素质提升专题培训	河源市国资委	曾惠华	56	2023.11.14
4	武警河源支队初级厨师培训	中国人民武装警察部队河源支队	黄勇强	20	2023.07.09—13
5	霍山旅游风景区服务质量提升培训	河源霍山旅游风景区	黄蔚红	41	2023.08.28
6	"谦谦小君子·雅雅小淑女"青少年礼仪修炼	东江商学苑	黄蔚红	50	2023.07.20
7	《河源市党政机关会议服务规范》宣贯——礼仪培训	河源市机关事务管理局	黄蔚红	81	2023.07.18
8	《河源市党政机关会议服务规范》宣贯——标准解读	河源市机关事务管理局	曾惠华	81	2023.07.18
9	茶艺师中高级资格培训	一径茶社	史万莉	24	2023.06.10—11
10	企业营销顶层设计与数智化转型	河源市女企业家协会	曾惠华	83	2023.05.27
11	微醺时光——葡萄酒文化与鉴赏之旅	河源优雅时光形象设计中心	黄蔚红	20	2023.05.13
12	坚基总裁 VIP 接待提升培训	河源市坚基集团	黄蔚红	60	2023.03.18
13	礼仪创优质服务质量	河源市购房易置业有限公司	黄蔚红	16	2023.01.22
14	"品茶，品人生"公益讲座	兴业社区党群服务中心	史万莉	31	2023.04.16
15	茶艺师中高级资格培训	一径茶社	史万莉	28	2023.04.02—03
16	安全用电	东源县漳溪畲族乡上蓝小学	曾惠华	110	2023.4.27

序号	项目	培训单位	培训人	培训人数（人次）	时间
17	2023年东源县漳溪畲族乡公益培训班（粤菜师傅）	东源县漳溪畲族乡人民政府	杨锦冰、黄勇强、刘燕	31	2023.04.21—23
18	中图设计有限公司在职员工面点制作提升服务	中图设计有限公司河源分公司	杨锦冰	30	2023.03.18
19	民盟河源市基层委员会烘焙培训班	民盟河源市基层委员会	杨锦冰	30	2023.03.10
20	新经济形势下乡村产业创新思考	中共河源市源城区委党校	张颖	50	2022.08.02
21	珍爱生命·预防溺水	东源县漳溪畲族乡上蓝小学	曾惠华	132	2022.06.24
22	匠心服务——重新梳理和优化餐饮流程和服务标准+现场模拟（上）	连平县餐饮行业协会	黄蔚红	37	2022.05.27
23	匠心服务——重新梳理和优化餐饮流程和服务标准+现场模拟（下）	连平县餐饮行业协会	黄蔚红	27	2022.05.27
24	慈怀长者·善行天下	河源市民政局	曾惠华	83	2022.05.26
25	带队伍·抓落实·出成绩（上、中篇）	连平县餐饮行业协会	曾惠华	32	2022.05.21
26	带队伍·抓落实·出成绩（下篇）	连平县餐饮行业协会	曾惠华	29	2022.05.21
27	精雕细琢——餐饮定制化摆台和摆台优化（上）	连平县餐饮行业协会	黄蔚红	43	2022.05.15
28	精雕细琢——餐饮定制化摆台和摆台优化（下）	连平县餐饮行业协会	黄蔚红	46	2022.05.15
29	五步成"妆"	连平县餐饮行业协会	黄蔚红	56	2022.05.14
30	"互联网+"背景下的产业创新与融合营销	连平县餐饮行业协会	张颖	27	2022.05.13
31	新餐饮与地方饮食发展经营	连平县餐饮行业协会	杨亮	30	2022.05.13

序号	项目	培训单位	培训人	培训人数（人次）	时间
32	旅游安全管理	龙川县文化广电旅游体育局	曾惠华	40	2022.05.05
33	果酱画制作	连平县人力资源和社会保障局、连平县餐饮行业协会	杨锦冰	35	2022.04.24
34	服务接待客人礼仪岗位应用与模拟实训	连平县人力资源和社会保障局、连平县餐饮行业协会	黄蔚红	53	2022.04.24
35	简易雕刻及菜肴盘饰技巧	连平县人力资源和社会保障局、连平县餐饮行业协会	杨锦冰	33	2022.04.23
36	厨房生产安全与突发问题处理	连平县人力资源和社会保障局、连平县餐饮行业协会	杨锦冰	30	2022.04.23
37	迎客礼仪暖人心·服务礼仪敬人心（下）	连平县人力资源和社会保障局、连平县餐饮行业协会	黄蔚红	59	2022.04.23
38	白切粉尘鸭	连平县人力资源和社会保障局、连平县餐饮行业协会	黄勇强	32	2022.04.18
39	客味猪全宝、黑椒鱼腩	连平县人力资源和社会保障局、连平县餐饮行业协会	黄勇强	32	2022.04.17
40	和平酿猪肚、蜂巢水绿菜	连平县人力资源和社会保障局、连平县餐饮行业协会	黄勇强	32	2022.04.17
41	管理人员的财务思维	连平县人力资源和社会保障局、连平县餐饮行业协会	姜 庆	41	2022.04.17
42	企业标准化与精细化管理	连平县人力资源和社会保障局、连平县餐饮行业协会	曾惠华	36	2022.04.17

续表

序号	项目	培训单位	培训人	培训人数（人次）	时间
43	人参滋补鸡、客家新派豆腐	连平县人力资源和社会保障局、连平县餐饮行业协会	黄勇强	32	2022.04.16
44	韭菜黄鳝	连平县人力资源和社会保障局、连平县餐饮行业协会	黄勇强	31	2022.04.16
45	迎客礼仪暖人心·服务礼仪敬人心（上）	连平县人力资源和社会保障局、连平县餐饮行业协会	黄蔚红	61	2022.04.16
46	微笑礼仪沁人心·仪态礼仪怡人心	连平县人力资源和社会保障局、连平县餐饮行业协会	黄蔚红	60	2022.04.16
47	八宝鱼生	连平县人力资源和社会保障局、连平县餐饮行业协会	黄勇强	36	2022.04.15
48	菜品创新四大死穴，七大原则，九大突破	连平县人力资源和社会保障局、连平县餐饮行业协会	黄勇强	35	2022.04.15
49	树服务礼仪意识·塑专业服务形象	连平县人力资源和社会保障局、连平县餐饮行业协会	黄蔚红	64	2022.04.15
50	文旅力量如何助推乡村振兴	中共东源县委组织部	张颖	127	2022.04.21
51	客家点心制作工艺	粤东西北中等职业技术学校	杨锦冰、吴雄昌	36	2022.01.17
52	客家豆腐及菜肴制作工艺	粤东西北中等职业技术学校	黄勇强、谢剑锋	36	2022.01.16
53	紫金肉丸文化及制作工艺	粤东西北中等职业技术学校	黄勇强、谢剑锋	36	2022.01.15
54	客家牛杂煲、蜂窝水绿菜	粤东西北中等职业技术学校	黄勇强、杨锦冰、邓亮新	36	2022.01.14

序号	项目	培训单位	培训人	培训人数（人次）	时间
55	黄酒菜肴制作：客家娘酒扒八宝莲子、娘酒琼脂万绿湖虾	粤东西北中等职业技术学校	黄勇强、谢剑锋	36	2022.01.14
56	客家黄酒酿造工艺	粤东西北中等职业技术学校	谢春丽、杨锦冰	36	2022.01.13
57	传统客家饮食文化	粤东西北中等职业技术学校	曾惠华	36	2022.01.13
58	客家菜肴和点心制作考核与作品展示	粤东西北中等职业技术学校	杨锦冰、黄勇强、吴雄昌、谢剑锋	36	2021.10.10
59	客家菜肴和点心制作考核与作品展示	粤东西北中等职业技术学校	杨锦冰、黄勇强、吴雄昌、谢剑锋	32	2021.10.10
60	职业院校餐饮专业教师科研能力提升路径	粤东西北中等职业技术学校	俞彤	36	2021.10.09
61	客家美食与旅游研究	粤东西北中等职业技术学校	余丽	36	2021.10.09
62	职业院校餐饮专业教师科研能力提升路径	粤东西北中等职业技术学校	杨亮	32	2021.10.09
63	客家美食与旅游研究	粤东西北中等职业技术学校	杨亮	32	2021.10.09
64	客家点心制作工艺	粤东西北中等职业技术学校	杨锦冰、吴雄昌	32	2021.10.09
65	客家豆腐及菜肴制作工艺	粤东西北中等职业技术学校	谢剑锋、黄文锋	32	2021.10.08
66	客家牛杂煲、荷香水绿菜	粤东西北中等职业技术学校	黄勇强、谢剑锋	32	2021.10.07
67	紫金肉丸文化及制作工艺	粤东西北中等职业技术学校	黄勇强、邓亮新	32	2021.10.07
68	客天下客家饮食交流	粤东西北中等职业技术学校	曾惠华、杨锦冰	32	2021.10.06

序号	项目	培训单位	培训人	培训人数（人次）	时间
69	黄酒菜肴制作：客家娘酒扒八宝莲子、娘酒琼脂万绿湖虾	粤东西北中等职业技术学校	黄勇强、谢剑锋	32	2021.10.06
70	客家黄酒酿造工艺	粤东西北中等职业技术学校	谢春丽、杨锦冰	32	2021.10.05
71	客家菜餐饮传承与创新探究	粤东西北中等职业技术学校	黄永强	32	2021.10.05
72	传统客家饮食文化	粤东西北中等职业技术学校	曾惠华	32	2021.10.05
73	河源客家厨娘线下厨艺培训方案	河源职业技术学院	黄勇强、吴雄昌、杨锦冰、谢剑锋	20	2021.12.19
74	河源客家厨娘线下厨艺培训方案	河源职业技术学院	黄勇强、吴雄昌、杨锦冰、谢剑锋	25	2021.12.19
75	河源客家厨娘线下厨艺培训方案	河源职业技术学院	黄勇强、吴雄昌、杨锦冰、谢剑锋	20	2021.12.18
76	河源客家厨娘线下厨艺培训方案	河源职业技术学院	黄勇强、吴雄昌、杨锦冰、谢剑锋	25	2021.12.18
77	企业领导力赋能沙龙——形象点亮品牌，礼仪赋能价值	东江商学院	黄蔚红	38	2021.11.29
78	广东烟草二十支服务礼仪创优质服务质量提升培训专题（初级）	广东烟草二十支	黄蔚红	33	2021.11.21
79	河源桃花水母大剧院服务礼仪创优质服务质量提升培训专题（初级）	河源桃花水母大剧院	黄蔚红	54	2021.11.14

续表

序号	项目	培训单位	培训人	培训人数（人次）	时间
80	河源客天下 VIP 接待 & 房地产销售服务质量提升培训专题第 1 期	河源市客天下文化旅流管理有限公司	黄蔚红	30	2021.09.09
81	河源客天下 VIP 接待 & 房地产销售服务质量提升培训专题第 2 期	河源市客天下文化旅流管理有限公司	黄蔚红	30	2021.09.09
82	河源客天下 VIP 接待 & 房地产销售服务质量提升培训专题第 3 期	河源市客天下文化旅流管理有限公司	黄蔚红	24	2021.10.20
83	让语言之花处处开放	万绿湖风景区	郑尔君	130	2021.09.16
84	和平县中医院"关注体验之医护礼仪及医患沟通"培训——医生+医技服务语言与医患沟通技巧	和平县中医院	黄蔚红	33	2021.08.03—04
85	和平县中医院"关注体验之医护礼仪及医患沟通"培训——护理+窗口服务语言与医患沟通技巧	和平县中医院	黄蔚红	85	2021.08.03—04
86	和平县中医院"关注体验之医护礼仪及医患沟通"培训——护理+窗口服务礼仪与岗位工作规范优化	和平县中医院	黄蔚红	60	2021.08.03—04
87	和平县中医院"关注体验之医护礼仪及医患沟通"培训——医生+医技服务礼仪与岗位工作规范优化	和平县中医院	黄蔚红	82	2021.08.03—04
88	万绿湖景区常见游客投诉处理及案例分析	万绿湖风景区	伍新蕾	65	2021.07.29
89	景区二次消费痛点、难点与发展策略	万绿湖风景区	杨 亮	64	2021.06.04
90	景区讲解员服务规范	万绿湖风景区	杨红霞	30	2021.06.03
91	餐饮接待服务流程规范化和标准化梳理及模拟实训	万绿谷景区	黄蔚红	21	2021.05.22

续表

序号	项目	培训单位	培训人	培训人数 （人次）	时间
92	服务礼仪培训	万绿谷景区	黄蔚红	66	2021.05.21
93	旅游景区的舆情管理	万绿湖创 AAAAA 参创单位	余　丽	80	2021.05.18
94	万绿湖服务提升培训（第七期）	万绿湖景区	张　颖	322	2021.04.01
95	万绿湖服务提升培训（第八期）	万绿湖景区	黄蔚红	66	2021.04.02
96	万绿湖服务提升培训（第九期）	万绿湖景区	伍新蕾	325	2021.04.07
97	万绿湖服务提升培训（第十期）	万绿湖景区	余　丽	15	2021.04.08
98	万绿湖服务提升培训（第十一期）	万绿湖景区	黄蔚红	36	2021.04.15
99	万绿湖服务提升培训（第十二期）	万绿湖景区	黄蔚红	316	2021.04.16
100	服务礼仪	万绿湖景区	黄蔚红	94	2021.03.30
101	景区演艺表演	万绿湖景区	曾惠华	21	2021.03.28
102	服务礼仪	万绿湖景区	黄蔚红	70	2021.03.19
103	景区酒店 PA 规范服务培训	万绿湖景区	曾惠华、张永志	52	2021.03.18
104	国家 AAAAA 级旅游景区标准解读	万绿湖景区	曾惠华、罗秋寒	346	2021.03.10
105	花艺花道培训——龙川农商行庆"三八"妇女节暨建党 100 周年主题活动	龙川农村商业银行	黄蔚红	45	2021.03.08
106	女士场合服饰搭配美学分享	河源电信	黄蔚红	115	2021.03.08
107	创新为核·八员立本	万绿湖风景区	曾惠华	408	2021.01.02
108	河源市旅游行业服务质量提升培训班	河源市文化广电旅游体育局	张　颖	55	2020.12.01
109	河源市 2020 年"领头雁"乡村振兴人才培训	共青团河源市委员会	张　颖	100	2020.11.16

续表

序号	项目	培训单位	培训人	培训人数（人次）	时间
110	关注（雇主）体验之月护师礼仪与沟通艺术——中正健康管理（第一期）	中正健康管理有限公司	黄蔚红	40	2020.06.13
111	关注（雇主）体验之月护师礼仪与沟通艺术——中正健康管理（第二期）	中正健康管理限公司	黄蔚红	38	2020.06.21
112	交通银行·关注客户体验之服务创优培训专题	河源交通银行	黄蔚红	20	2020.06.20
113	组织一场优秀的直播课	河源市客天下文化旅流管理有限公司	曾惠华	45	2020.06.17
114	博尔雅教育·儿童礼仪培训	博尔雅教育	黄蔚红	10	2020.06.01
115	交通银行·关注客户体验之服务创优培训专题	河源交通银行	黄蔚红	25	2020.06.01
116	围龙故事	河源市博物馆	杨红霞	21	2020.04.11
117	客家美食文化	河源市博物馆	曾惠华	30	2020.04.04
118	生活茶艺基础	河源市礼仪协会	史万莉	15	2019.12.12
119	职业道德大讲堂——营造风清气正的工作氛围	新丰江林管局	曾惠华	55	2019.12.01
120	河源市图书馆茶文化公益课	河源市图书馆	史万莉	32	2019.10.26
121	河源市图书馆茶文化公益课	河源市图书馆	史万莉	32	2019.10.19
122	农村创业青年培训提高班：拥抱大湾区，河源创业青年迈出关键一步	河源市关心下一代工作委员会	张 颖	55	2019.10.25
123	部门人才培养	河源市客天下文化旅流管理有限公司	曾惠华	38	2019.10.24
124	餐包类点心制作	广东通驿高速公路服务区有限公司	杨锦冰	24	2019.09.23
125	蛋糕类点心制作	广东通驿高速公路服务区有限公司	杨锦冰	24	2019.09.23
126	象形点心制作	广东通驿高速公路服务区有限公司	杨锦冰	24	2019.09.22

续表

序号	项目	培训单位	培训人	培训人数（人次）	时间
127	饺子类点心制作	广东通驿高速公路服务区有限公司	杨锦冰	24	2019.09.22
128	蒸包类点心制作	广东通驿高速公路服务区有限公司	杨锦冰	24	2019.09.21
129	馒头、花卷制作	广东通驿高速公路服务区有限公司	杨锦冰	24	2019.09.21
130	旅行社条例解读	紫金县文化广电旅游体育局	伍新蕾	30	2019.08.30
131	教师礼仪	河源职业技术学院附属小学	伍新蕾	120	2019.08.29
132	广东经济形势报告	河源市交通局	张颖	47	2019.08.06
133	河源市中级人民法院政务礼仪之会议接待礼仪专题培训	河源市中级人民法院	黄蔚红	110	2019.07.29
134	中共河源市委党校后勤服务中心 VIP 接待服务质量提升专题培训	中共河源市委党校	黄蔚红	136	2019.07.22—23
135	肉松包、奶椰包、豆沙包制作	河源监狱	杨锦冰	14	2019.07.17
136	发糕、萝卜糕、蛋糕卷、肉松蛋糕、果酱蛋糕制作	河源监狱	杨锦冰	14	2019.07.17
137	奶香馒头、葱花火腿卷、莲蓉包/生肉制作	河源监狱	杨锦冰	14	2019.07.16
138	捞面、汤面制作	河源监狱	杨锦冰	14	2019.07.16
139	客天下 TTT 培训	河源市客天下文化旅流管理有限公司	曾惠华	25	2019.07.04
140	客天下 TTT 培训	河源市客天下文化旅流管理有限公司	曾惠华	25	2019.06.27
141	客家风味点心考评员培训	河源市人事与技能考试管理办公室	杨锦冰	9	2019.06.30
142	源城区人力资源和社会保障局客家菜师傅培训	河源市滨江金利酒店	吴雄昌	118	2019.06.29

序号	项目	培训单位	培训人	培训人数（人次）	时间
143	源城区人力资源和社会保障局客家菜师傅培训	河源市滨江金利酒店	曾惠华	118	2019.06.28
144	广东经济形势报告	中共东源县委、县政府	张颖	250	2019.06.28
145	广东经济形势报告	河源技师学院	张颖	363	2019.06.24
146	企业内训师的角色认知和定位	河源市客天下文化旅流管理有限公司	张颖	31	2019.05.09
147	教师仪态礼仪	深河中学	黄蔚红	32	2019.04.14
148	导游旅游安全管理	河源市文化广电旅游体育局	曾惠华	83	2019.04.12
149	企业内部培训师角色认知与定位	广东坚基集团	张颖	32	2019.04.11
150	仪态礼仪	河源市文化馆	伍新蕾	60	2019.03.31
151	河源市博物馆"小小讲解员"应知应会	河源市博物馆	曾惠华	20	2019.03.09
152	中式面点师（四级）技能鉴定辅导	河源市糕大上餐饮连锁店	杨锦冰	20	2019.02.27
153	河源市总工会客家菜师傅培训班	河源市总工会	杨锦冰、谢剑锋、吴雄昌	779	2019.01.04—20
154	带队伍·抓落实·出成绩（上）	万绿湖风景区	曾惠华	32	2019.01.02
155	带队伍·抓落实·出成绩（中）	万绿湖风景区	曾惠华	32	2019.01.02
156	带队伍·抓落实·出成绩（下）	万绿湖风景区	曾惠华	32	2019.01.03
157	河源市文化馆社交礼仪培训	河源市文化馆	伍新蕾	35	2018.11.30
158	系统创富	河源职业技术学院	曾惠华	124	2018.11.25
159	执行力	河源市委党校大厦	曾惠华	78	2018.11.16

序号	项目	培训单位	培训人	培训人数（人次）	时间
160	河源职业技术学院客家菜培训学院"厨师基础班"	河源职业技术学院	杨锦冰	372	2018.11.10
161	中共河源市委党校后勤服务中心服务礼仪培训	河源市委党校	杨红霞	80	2018.10.29
162	新时期背景下旅游接待服务的创新	连平县旅游局、深圳市恒隆泰文化策划有限公司等	伍新蕾	30	2018.09.09
163	构建企业招聘体系	河源市女企业家协会	曾惠华	96	2018.08.29
164	基于顾客价值链的媒介融合营销	连平县旅游局、深圳市恒隆泰文化策划有限公司等	张 颖	30	2018.08.25
165	职场有效沟通	连平县旅游局、深圳市恒隆泰文化策划有限公司等	伍新蕾	30	2018.08.11
166	企业规范化和精细化管理实务	连平县旅游局、深圳市恒隆泰文化策划有限公司等	曾惠华	30	2018.08.11
167	基于顾客价值链的媒介融合营销	广东坚基集团	张 颖	34	2018.07.20
168	全流程"体验式"服务技能提升培训——船员	万绿湖风景区	伍新蕾	33	2018.03.27
169	基于客户体验的物业服务礼仪提升培训	河源市坚基房地产开发有限公司	伍新蕾	50	2018.03.12
170	绩效考核指标解读	万绿湖风景区	曾惠华	144	2018.01.15
171	企业标准化和精细化管理	万绿湖风景区	曾惠华	148	2018.01.14
172	全流程"体验式"服务技能提升培训——旅游公司、景区管理部等	万绿湖风景区	伍新蕾	30	2018.01.11
173	全流程"体验式"服务技能提升培训——售票、验票、售货岗	万绿湖风景区	伍新蕾	19	2018.01.11

序号	项目	培训单位	培训人	培训人数（人次）	时间
174	全国导游人员资格考试口试培训（口试模拟）	河源市旅游局	曾惠华	90	2017. 12. 03
175	全国导游人员资格考试口试培训（省、市景点内容评述）	河源市旅游局	曾惠华	90	2017. 11. 26
176	全国导游人员资格考试口试培训（省、市景点内容评述）	河源市旅游局	曾惠华	90	2017. 11. 26
177	职业道德讲堂——营造风清气正的工作环境	东源县总工会/东源农商银行	曾惠华	172	2017. 11. 30
178	全流程"体验式"服务技能提升培训——售票、验票、售货岗	万绿湖风景区	伍新蕾	13	2017. 11. 08
179	中国旅游业和旅行社现状及未来发展之路	龙川县旅游局	高仁泽	147	2017. 10. 20
180	互联网+背景下的旅游产业创新发展	龙川县旅游局	张　颖	147	2017. 10. 18
181	旅游电子商务	龙川县旅游局	余　丽	147	2017. 10. 18
182	基于客户心理学的沟通技巧	龙川县旅游局	余　丽	147	2017. 10. 19
183	旅游安全管理及突发事件处理技巧	龙川县旅游局	曾惠华	147	2017. 10. 19
184	全国导游人员资格考试笔试培训（地方导游基础知识）	河源市旅游局	杨红霞	180	2017. 10. 14
185	全国导游人员资格考试笔试培训（导游业务）	河源市旅游局	张　颖	180	2017. 09. 23
186	全国导游人员资格考试笔试培训（政策与法律法规）	河源市旅游局	邱旭辉	180	2017. 09. 16
187	全国导游人员资格考试笔试培训（全国导游基础知识）	河源市旅游局	伍新蕾	180	2017. 09. 09
188	企业规范化和精细化管理实务	河源市女企业家协会	曾惠华	87	2017. 08. 29

序号	项目	培训单位	培训人	培训人数（人次）	时间
189	服务心理训练	万绿谷休闲度假旅游区	余　丽	98	2017.06.18
190	酒店前台服务员操作规范	万绿谷休闲度假旅游区	史万莉	98	2017.06.17
191	微笑服务	万绿谷休闲度假旅游区	曾惠华	98	2017.06.16
192	餐厅专项服务技能提升	万绿谷休闲度假旅游区	黄蔚红	98	2017.06.15
193	餐饮接待能力提升	万绿谷休闲度假旅游区	黄蔚红	98	2017.06.14
194	言行一致，全面沟通	万绿谷休闲度假旅游区	黄蔚红	98	2017.06.13
195	内修心，外塑形	万绿谷休闲度假旅游区	伍新蕾	98	2017.06.12
196	中基层管理者的职业素养提升与角色定位	广东坚基集团	张　颖	72	2017.06.13
197	职业化团队与执行力	河源市委党校后勤服务中心	曾惠华	43	2017.06.01
198	旅游安全生产专题讲座	河源市旅游局	曾惠华	149	2017.05.31
199	"文明游河源，礼仪美槎城"旅游文明礼仪专题讲座	河源市旅游局	伍新蕾	149	2017.05.31
200	职业道德讲堂——营造风清气正的工作氛围	河源市商业中心	曾惠华	133	2017.04.25
201	江东新区内部 VIP 接待餐厅服务培训	江东新区后勤中心	黄蔚红	20	2017.04.08
202	江东新区内部 VIP 接待服务礼仪培训	江东新区后勤中心	黄蔚红	20	2017.04.06
203	面包制作工艺（理论）	河源市总工会	杨锦冰	45	2016.12.27
204	小餐包制作工艺（理论）	河源市总工会	杨锦冰	45	2016.12.25
205	慕斯类蛋糕制作工艺(理论)	河源市总工会	杨锦冰	45	2016.12.24
206	生日蛋糕制作工艺（理论）	河源市总工会	杨锦冰	45	2016.12.20

序号	项目	培训单位	培训人	培训人数（人次）	时间
207	戚风蛋糕制作	河源市总工会	杨锦冰	45	2016. 12. 20
208	蛋糕制作工艺	河源市总工会	杨锦冰	45	2016. 12. 18
209	饮品制作工艺（理论）	河源市总工会	杨锦冰	45	2016. 12. 17
210	菠萝包、椰子双尖包、肉松面包、沙拉面包、火腿面包的制作	河源市总工会	杨锦冰	45	2016. 12. 11
211	麦香包、奶椰包的制作	河源市总工会	杨锦冰	45	2016. 12. 11
212	芒果慕斯、酸奶慕斯的制作	河源市总工会	杨锦冰	45	2016. 12. 11
213	蛋挞、葡式蛋挞、水果挞、椰挞的制作	河源市总工会	杨锦冰	45	2016. 12. 11
214	酥类点心制作工艺	河源市总工会	杨锦冰	45	2016. 12. 11
215	椰汁桂花糕的制作	河源市总工会	杨锦冰	45	2016. 12. 10
216	点心常用机器与设备（理论）	河源市总工会	杨锦冰	45	2016. 12. 10
217	萝卜糕、马蹄糕的制作	河源市总工会	杨锦冰	45	2016. 12. 06
218	面点常用原料（理论）	河源市总工会	杨锦冰	45	2016. 12. 06
219	面点常用技法（理论）	河源市总工会	杨锦冰	45	2016. 12. 04
220	白菜肉馅、芹菜肉馅饺子的制作	河源市总工会	杨锦冰	45	2016. 12. 04
221	考证辅导1（理论）	河源市总工会	杨锦冰	45	2016. 12. 04
222	技能品种制作1（实操）	河源市总工会	杨锦冰	45	2016. 12. 04
223	豆沙包、生肉包制作	河源市总工会	杨锦冰	45	2016. 12. 03
224	面点概述（理论）	河源市总工会	杨锦冰	45	2016. 12. 03
225	太湖国家湿地公园景区服务礼仪提升培训	苏州太湖国家湿地公园	伍新蕾	116	2016. 12. 12—13
226	职业化团队与执行力、领导力训练	广东通驿高速公路服务区有限公司兴宁区域	张　颖	40	2016. 12. 10
227	全国导游资格考试口试培训考评	河源市旅游局	曾惠华	72	2016. 11. 26
228	全国导游资格考试口试培训	河源市旅游局	曾惠华	72	2016. 11. 06

序号	项目	培训单位	培训人	培训人数（人次）	时间
229	职业化团队与执行力、领导力训练	龙川县鸿景酒店	张 颖	124	2016.11.22—23
230	导游业务	河源市旅游局	伍新蕾	144	2016.10.29—30
231	政策法规	河源市旅游局	邱旭辉	144	2016.10.22—23
232	全国导游基础知识	河源市旅游局	伍新蕾	144	2016.10.15—16
233	广东导游基础知识	河源市旅游局	杨红霞	144	2016.10.06—07
234	执行力、领导力与职业化团队	广东通驿高速公路服务区有限公司	张 颖	113	2016.10.18
235	"团队协作与创新"主题培训	中正儿童专科门诊	唐继旺	7	2016.08.31
236	"服务沟通训练"主题培训	中正儿童专科门诊	唐继旺	7	2016.08.30
237	"服务礼仪训练"主题培训	中正儿童专科门诊	唐继旺	7	2016.08.26
238	"服务信息收集"主题培训	中正儿童专科门诊	唐继旺	7	2016.08.26
239	"服务观察"主题培训	中正儿童专科门诊	唐继旺	7	2016.08.25
240	"服务业、服务人与服务意识"主题培训	中正儿童专科门诊	唐继旺	7	2016.08.25
241	"如何保持积极心态"主题培训	中正儿童专科门诊	唐继旺	7	2016.08.24
242	"企业信息与制度介绍"主题培训	中正儿童专科门诊	唐继旺	7	2016.08.24
243	"有效沟通技巧"主题培训	河源市中正健康管理有限公司	唐继旺	20	2016.08.05
244	"职业化通用礼仪"主题培训	河源市中正健康管理有限公司	唐继旺	20	2016.08.05
245	"职业化形象"主题培训	河源市中正健康管理有限公司	唐继旺	20	2016.07.26
246	"成为客户顾问"主题培训	河源市中正健康管理有限公司	唐继旺	20	2016.07.26
247	"培养工作态度"主题培训	河源市中正健康管理有限公司	唐继旺	20	2016.07.25

序号	项目	培训单位	培训人	培训人数（人次）	时间
248	"服务型职业人"主题培训	河源市中正健康管理有限公司	唐继旺	20	2016.07.25
249	酒店规范化和精细化管理	河源市党校大厦	曾惠华	111	2016.08.14
250	第十步 企业开张准备/课程总结	河源市强制隔离戒毒所	曾惠华	30	2016.05.31
251	游戏模块二 供给和需求	河源市强制隔离戒毒所	曾惠华	15	2016.05.30
252	第九步 判断你的企业能否生存/创业计划书	河源市强制隔离戒毒所	曾惠华	15	2016.05.25
253	游戏模块：基本企业周期	河源市强制隔离戒毒所	曾惠华	15	2016.05.23
254	第九步 制定利润计划	河源市强制隔离戒毒所	曾惠华	15	2016.05.18
255	第八步 制定销售价格	河源市强制隔离戒毒所	曾惠华	15	2016.05.16
256	第七步 预测启动资金需求	河源市强制隔离戒毒所	曾惠华	15	2016.05.13
257	第六步 法律环境和你的责任（一）（二）（三）	河源市强制隔离戒毒所	曾惠华	15	2016.05.04
258	第六步 法律环境和你的责任（四）（五）	河源市强制隔离戒毒所	曾惠华	15	2016.05.09
259	点评学生的构思——智能家居项目	河源市强制隔离戒毒所	曾惠华	15	2016.05.02
260	时间管理与工作效率提升	河源市鋐晟开发投资有限公司	唐继旺	24	2016.05.25
261	高效沟通技巧	河源市鋐晟开发投资有限公司	唐继旺	24	2016.05.18
262	户外团队拓展训练	河源市鋐晟开发投资有限公司	唐继旺	24	2016.05.13
263	个人职业化与职业化团队	河源市鋐晟开发投资有限公司	唐继旺	24	2016.05.11

序号	项目	培训单位	培训人	培训人数（人次）	时间
264	中国饮食文化	河源市中正健康职业培训学校	张　颖	78	2016.05.14
265	职业形象与通用礼仪	河源市鋐晟开发投资有限公司	唐继旺	24	2016.04.27
266	有为才有位	河源市鋐晟开发投资有限公司	唐继旺	24	2016.04.20
267	组建创业团队、搭建企业组织架构	河源市强制隔离戒毒所	曾惠华	30	2016.04.27
268	企业的法律形态	河源市强制隔离戒毒所	曾惠华	30	2016.04.25
269	用SWOT分析你的企业构思	河源市强制隔离戒毒所	曾惠华	30	2016.04.20
270	产生你的企业想法	河源市强制隔离戒毒所	曾惠华	30	2016.04.18
271	创业的模式	河源市强制隔离戒毒所	曾惠华	30	2016.04.13
272	创办企业需要的素质、能力、技能	河源市强制隔离戒毒所	曾惠华	30	2016.04.11
273	评估你是否适合创业	河源市强制隔离戒毒所	曾惠华	60	2016.04.06
274	SYB课程介绍、学员介绍、组建团队	河源市强制隔离戒毒所	曾惠华	60	2016.04.04
275	评估你是否适合创业	河源市强制隔离戒毒所	曾惠华	45	2016.03.30
276	SYB课程介绍、学员介绍、组建团队	河源市强制隔离戒毒所	曾惠华	45	2016.03.28
277	商务礼仪	深圳市朝东远财务咨询有限公司	黄蔚红	115	2016.03.25
278	酒店服务礼仪与服务意识	龙川县旅游局	黄蔚红	486	2016.03.24—25
279	赢在"产融"生态圈（系统创富）	龙川县旅游局	曾惠华	486	2016.03.24—25

序号	项目	培训单位	培训人	培训人数（人次）	时间
280	微信营销	龙川县旅游局	余　丽	486	2016.03.24—25
281	导游自由执业、自然解说在导游工作中的实际运用	龙川县旅游局	张　颖	486	2016.03.23—24
282	旅游服务礼仪与沟通技巧	龙川县旅游局	伍新蕾	486	2016.03.23—24
283	服务型职业人	龙川县旅游局	唐继旺	486	2016.03.23—24
284	中国饮食文化	河源市中正健康管理有限公司	张　颖	30	2016.02.28
285	《赢在产融生态圈》系统创富学习分享会	河源市女企业家协会	曾惠华	126	2016.02.28
286	思维导图在营销策划案和营销计划写作中的运用	万绿湖风景区	曾惠华	14	2016.01.07
287	微信写作	万绿湖风景区	余　丽	14	2016.01.07
288	义导式营销	万绿湖风景区	张　颖	14	2016.01.06
289	市场信息收集与分析	万绿湖风景区	唐继旺	14	2016.01.06
290	打造执行力团队	河源市源美轩食府	曾惠华	39	2015.09.02
291	"积累正能量"主题班会	河源实验中学	曾惠华	52	2015.03.30
292	国家导游口试培训	2015年全国导游人员资格考生	曾惠华	190	2015.08.24
293	沟通的起点和圆点	御临门温泉度假村	曾惠华	118	2015.08.11
294	团队执行力提升	万绿湖风景区	曾惠华	60	2014.11.26
295	团队执行力提升	河源市委党校大厦	曾惠华	94	2014.11.05
296	全国导游人民资格考试省、市景点内容评述	全国导游人员资格考试学员	曾惠华	252	2014.06.14
297	全国导游人民资格考试口试技巧及评分标准	全国导游人员资格考试学员	曾惠华	252	2014.06.07
298	团队执行力提升	御临门温泉度假村	曾惠华	708	2014.06.08—09
299	团队执行力提升	河源市镜花缘景区	曾惠华	46	2014.01.07
300	消除职业倦怠　追求职业幸福	河源市镜花缘景区	曾惠华	30	2013.11.01
301	微笑服务	万绿湖风景区	曾惠华	25	2013.08.15
302	微笑服务	御临门温泉度假村	曾惠华	126	2013.05.19

序号	项目	培训单位	培训人	培训人数（人次）	时间
303	政务导游	万绿湖旅行社	曾惠华	25	2013.01.29
304	SYB 项目介绍、创业感想	河源市人社局组织的SYB 创业培训班	曾惠华	56	2012.09.18
305	国家导游口试培训	2012 年全国导游人员资格考生	曾惠华	246	2012.08.31

参考文献

［1］广东省教育厅. 广东省教育厅关于组织开展广东省高职院校高水平专业群建设工作的通知，粤教职函〔2019〕135 号.

［2］中华人民共和国教育部. 职业教育提质培优行动计划（2020—2023 年）［EB/OL］.（2020－09－29）. http://www.moe.gov.cn/srcsite/A07/zcs_zh-gg/202009/t20200929_492299.html.

［3］胡晓晶. 高职旅游教育"触动式"教学过程设计探索［J］. 职教论坛，2008（24）：12-16.

［4］张颖，伍新蕾. 基于校内生产性实训基地的课程开发探讨——以《旅行社计调业务》课程为例［J］. 淮北职业技术学院学报，2010，9（2）：56-57.

［5］张颖. 产业转型视阈下的旅行社计调职业能力评价体系构建研究［J］. 重庆文理学院学报（社会科学版），2015，34（3）：111-115.

［6］张颖. 高职旅游管理专业"应用型"导游人才培养模式研究［J］. 武汉船舶职业技术学院学报，2011，10（4）：83-85.

［7］中华人民共和国教育部. 高等学校课程思政建设指导纲要［EB/OL］.（2020－06－06）. http://www.gov.cn/zhengce/zhengceku/2020－06/06/content_5517606.htm.

［8］伍新蕾. 课程思政浸润下精品在线开放课程建设探索——以"旅游服务心理学"为例［J］. 现代商贸工业，2022，43（5）：150-152.

［9］ 中华人民共和国教育部，发展改革委，等. 深化新时代职业教育"双师型"教师队伍建设改革实施方案［EB/OL］.（2019-10-16）. http://www.moe.gov.cn/srcsite/A10/s7034/201910/t20191016_403867.html.

［10］ 胡晓晶，俞彤，朱智. 高职院校旅游管理专业人才培养模式研究——以河源为例［J］. 贵州商业高等专科学校学报，2010，23（3）：72-75.

［11］ 张颖. 基于"校企生"三方互动的旅游管理专业人才培养模式研究与实践［J］. 晋城职业技术学院学报，2013，6（5）：30-33.

［12］ 俞彤，朱智，唐继旺. 基于四个合作的高职酒店管理专业人才培养模式创新研究与实践［J］. 湖北函授大学学报，2014，27（7）：104-105.

［13］ 朱智，杨红霞，杨亮. 校企协同共建大学生校外实践教学基地的探索与实践——以河源职业技术学院旅游管理专业为例［J］. 黄冈职业技术学院学报，2016，18（5）：46-49.

［14］ 俞彤. 论高校旅游管理专业的社会服务职能［J］. 职业时空，2012，8（7）：17-18.